本书受到云南省哲学社会科学学术著作出版专项经费资助

本书系云南大学理论经济学博士后流动站研究成果

许庆红 著

中国城市劳动力市场分割与代际流动
(1978~2010)

LABOR MARKET
SEGMENTATION
AND
INTERGENERATIONAL
MOBILITY
IN
URBAN
CHINA
(1978-2010)

社会科学文献出版社
SOCIAL SCIENCES ACADEMIC PRESS (CHINA)

序

邱泽奇

中国在过去近40年发展的成就是人类历史上的一个奇迹,获得了国际社会的广泛认可,经济学家试图从各个视角来探讨中国发展的动力与影响因素(Lin et al, 1996; Haft, 2015)。社会学家则更加愿意从人群的因素出发,探讨人群向上流动的机会与发展之间的关系(Nee, 1989; Guo, 2016; 邱泽奇、刘世定,2013)。

在与人群相关的现象和因素中,代际流动是评价一个社会的流动机会开放程度的重要指标,也一直是社会学的核心研究领域之一(Bean & Swicegood, 1979; Ganzeboom et al., 1991; Ishida et al., 1991; Chen et al., 2015)。

在中国恢复重建社会学的历史进程中,我们更多地受到美国社会学的影响,把个体因素置于重要位置,譬如众多研究把个体的受教育程度、政治身份作为影响社会流动的重要因素。不过,我认为影响群体社会流动的社会因素至少可以区分为三个嵌套的类型。最外层也是影响最大的是制度因素。东欧原社会主义国家向市场经济的转型便意味着社会流动机会因制度的变化而发生整体性的变化;中国向市场经济的转变亦如此。制度还有不同的层次，从全局性到局部性，影响的范围和人群规模差异极大。其中，全局性的制度变化可能比任何其他因素的影响更加重大（邱泽奇，2000；邱泽奇、刘世定，2013；邱泽奇等，2014；Nee，1989）。中间层次是产业的影响，按照Goldthorpe的说法，产业的变革尤其是工业化为人群的职业流动进而社会流动提供了批量机会（Lipset and Bendix，1959；Goldthorpe，1985；Erikson & Goldthorpe，1985；Yaish & Andersen，2012）。最内层的才是个体的努力，尽管围绕这一层次和类型的文献从布劳和邓肯开始数量庞大且繁杂（Blau & Duncan，1967；Featherman et al.，1975；Hauser, et al.，1975），但我们必须清楚的是，这一因素在稳定的制度、稳定的职业结构和在变动的制度、变动的职业结构前提下，对社会流动可能具有不同的影响。

在过去近40年里，中国的制度和产业都在发生巨大的变化，与此同时个体受教育的机会和职业机会也在发生重大变化。在一个三重因素同时在发生变化的环境里如何观察社会流动是社会学研究面对的挑战，同时也是学术创新的机会。

《中国城市劳动力市场分割与代际流动（1978～2010）》一书作者在对代际流动的讨论中试图把复杂的现象简化为结构嵌套下的个体努力，承认中国社会的转型是一个渐变的过程，指出20世纪70年代末以来的城市劳动力市场出现部门分割弱化而行业分割和职业分割增强的趋势，进而把城乡分割、单位属性分割作为影响个体努力效用的影响因素，探讨分割结构变化对代际流动的影响，从另一个视角增进了对代际流动的特性和变化趋势的理解。

在分析策略上，作者将改革以后的时间划分为三个时期，即改革初期（1978~1992年）、改革中期（1993~2002年）和改革深化期（2003~2010年），用于处理制度变迁和产业变迁重叠渐变的历时特征，剖析不同时期在工作部门、行业和职业之间的代际流动性和影响因素。在此基础上，论证行业分割对代际流动的影响，将行业地位变量加入传统的地位获得模型，扩展了传统的社会分层与流动分析框架。数据检验的结果显示，当前的代际流动仍然以继承性为主，父辈职业的行业特征对子辈的社会流动具有重要影响，而伴随着改革深入，家庭背景通过教育进行隐性传递进而影响子辈社会流动的趋势日趋明显，既检验了阶层再生产理论，又对这一理论的机理做出了重要扩展，即阶层再生产的机制在从继承性向传递性转变。

在尚未完成工业化和城市化、影响社会流动的制度变迁尚未稳定的同时，中国正快速地进入信息化，也就是说，制度、产业、个体三重因素的影响没有迭代到稳定状态，反而在加速变化，其对代际流动的影响是复杂的。就作者的议题而言，除了曾经的行业分割之外，行业优势的位移正在直接影响代际流动模式，且让曾经的流动模式变得更加不稳定。因此，持续关注新的因素对分层和代际流动的影响，将有助于认识和理解不同社会阶层和群体之间的利益关系，促进社会各阶层之间的和谐关系，保证社会公正、公平、健康和稳定地向前发展。

参考文献

邱泽奇，2000，《中国大陆社会分化状况的变化（1949-1998）》，台北：大屯出版社。

邱泽奇、刘世定，2013，《社会板块结构的变迁》，《中国社会科学》（内部文稿）第6期。

邱泽奇、萧群、李祥蒙、向静林，2014，《谁流进了市场——中国市场化改革和市场人群的社会特征》，《国际社会科学杂志》（中文版）第3期。

Bean, F. D. , and Swicegood, G. 1979. "International Occupational Mobility and Fertility: A Reassessment. " *American Sociological Review* 44 (4): 608 – 619.

Blau, P. , Duncan, O. D. 1967. *The American Occupational Structure*. New York: John Wiley and Sons Press.

Chen, Y. Y. , Naidu, S. , Yu, T. H. , and Yuchmen, N. 2015. "Intergenerational Mobility and Institutional Change in 20th Century China. " *Explorations in Economic History* 58: 44 – 73.

Erikson, R. , and Goldthorpe, J. H. 1985. "Are American Rates of Social Mobility Exceptionally High? New Evidence on an Old Issue. " *Europe Sociological Review* 1: 1 – 28.

Featherman, D. L. , Jones, F. L and Hauser, R. M. 1975. "Assumptions of Social Mobility Research in the United States: The Case of Occupational Status. " *Social Science Research* 4: 329 – 260.

Ganzeboom, H. B. G. , Treiman, D. J. & Ultee, W. C. 1991. "Comparative Intergenerational Mobility Research-Three Generations and Beyond", *Annual Review of Sociology* 17: 277 – 302.

Goldthorpe, J. H. 1985. " On Economic Development and Social Mobility. " *British Journal of Sociology* 36 (4): 549 – 573.

Guo, Y. J (Eds.). 2016. *Handbook on Class and Social Stratification in China*. Cheltenham: Edward Elgar Pubish.

Haft, J. 2015. *Unmade in China: The Hidden Truth About China's Economic Miracle*. Cambridge, UK; Malden, MA: Polity Press.

Hauser, R. M. , Koffel, J. N. , Travis, H. P. , and Dickinson, P. J. 1975. "Temporal Change in Occupational Mobility: Evidence for Men in the United States. " *American Sociological Review* 40 (3): 279 – 297.

Lipset, S. M. , and Bendix, R. 1959. *Social Mobility in Industrial Society*. Berkeley: University of California. Press.

Lin, J. Y. F. , Cai, F. , and Li, Z. (Hong Kong Centre for Economic Research and International Center for Economic Growth) 1996. *The China Miracle : Development Strategy and Economic Reform*. Hong Kong: Published for the Hong Kong Centre for Economic Research and the International Center for Economic Growth by the Chinese University Press.

Ishida, H. , Goldthorpe, J. H. , and Erikson, R. 1991. "International Class Mobility in Postwar Japan. " *American Journal of Sociology* 96: 954 – 975.

Nee, V. 1989. "A Theory of Market Transition: From Redistribution to Markets in State Socialism." *American Sociological Review* 54 (5): 663-681.

Yaish, M., and Andersen, R. 2012. "Social Mobility in 20 Modern Societies: The Role of Economic and Political Context." *Social Science Research* 41: 527-538.

前　言

20世纪70年代末以来,中国开始了以市场化为导向的经济体制改革(下文中的"改革"均指经济体制改革),并伴随其他社会领域改革的社会转型过程。对代际流动的基本模式和影响机制的变化过程进行研究,是把握转型时期社会的构成和未来趋势的一个很好的切入点。同时,尽管"新结构主义"(New Structuralism)流派注意到在经济和社会生活中存在很多分割的结构性因素,这些因素对个体社会经济地位的获得具有非常重要的影响。然而,已有研究并没有就转型时期劳动力市场的结构性因素影响代际流动的作用机制进行系统研究。

本书基于中国家庭动态跟踪调查(Chinese Family Panel Studies, CFPS)2010年全国性调查数据[①],引入劳动力市场分割理论,从代际的部门流动、行业流动和职业流动三个方面系统考察了转型时期的三个阶段城市劳动力市场分割状况是如何影响个人的职业地位获得的,以反映城市代际流动的总体水平、影响因素和可能的影响路径。研究有以下几点发现。

[①] 本书所用数据部分来自中国家庭动态追踪调查(CFPS)2010年数据。该调查由北京大学中国社会科学调查中心设计与执行。作者感谢上述机构及其人员提供数据协助,论述内容由作者自行负责。

第一,在代际部门流动方面,首先,整体上转型时期城市的代际部门流动模式属于继承性效应和结构壁垒效应同时存在,这使子代很难跨越流动到与父代工作部门类别差异较大的工作部门。其次,在改革的不同阶段,父代资源对子代进入不同工作部门的作用也在发生变化。在改革初期和改革中期,父代在国有部门工作对子代进入和目前子代国有部门工作获得都具有显著影响;但是在改革深化期,这种影响不再显著。这表明伴随改革的深入,部门分割对代际部门流动的影响有所减弱。最后,子代受教育程度对进入和目前子代国有部门工作获得都有显著的积极影响,人力资本依然是个体进入较好工作部门的重要影响因素。

第二,在代际行业流动方面,与代际部门流动类似,整体上转型时期城市代际行业流动仍然属于继承性效应和结构性流动同时存在。也就是说,一方面,父代的行业与子代的行业之间有明显的关联性,但子代向与自己行业距离相近行业流动的可能性也很大。另一方面,随着改革的深入,父代从事高收入行业工作对子代进入高收入行业具有积极影响,且影响日趋明显。而无论在改革的哪个时期,子代受教育程度对子代进入高收入行业都具有重要作用。此外,在改革深化期,父代受教育程度对子代从事高收入行业工作具有显著影响,这意味着家庭文化资本对子代从事高收入行业工作的作用在增强。

第三,在代际职业流动方面,总体而言,转型时期城市代际职业流动模式同样属于继承性效应和结构性流动同时存在。也就是说,一方面,父代的职业与子代的职业之间具有一定的关联性,但子代可以向不同的职业进行自由流动。另一方面,在考虑了父代工作部门和父代行业因素之后,父代职业对子代获得中间职业或精英职业没有影响，这揭示了父代工作部门和父代行业对子代职业地位获得的重要性。而子代受教育程度对子代获得中间职业或精英职业一直有积极作用。

第四，本书将部门因素、行业因素和职业因素整合为综合的职业地位，通过修正以往的地位获得测量模型，对城市居民的家庭背景和教育对个体社会地位获得的直接影响和间接影响进行分解。结果表明，决定一个家庭社会经济地位最重要的影响因素是父代受教育程度和父代部门，而非父代行业和父代职业。伴随改革的深入，家庭背景对子代教育的影响不断增强，而子代受教育程度对子代的职业，特别是初职具有重要影响。这表明代际地位通过教育进行隐性传递的趋势日益明显，研究支持了"阶层再生产机制"假说。从改革中期开始，子代初职地位对子代现职地位的影响有所下降，但依然十分显著。这表明尽管在改革中期以后城镇居民的代内流动日益频繁，但个体的初职地位依然是决定其现职地位的重要因素。

第五，本书是对1978年以来近40年社会经济转型时期代际流动模式和趋势的总体性研究，研究支持了"阶层再生产机制"假说，这预示着未来社会结构可能趋于封闭而非开放，而且代际地位主要通过教育进行隐性传递的趋势日益明显，需要引起有关政府部门的重视。国家需要通过各种直接或间接的社会政策，干预劳动力市场中存在的各种流动壁垒，特别是要打破行业流动壁垒，并大力促进教育机会和质量公平，从而保障社会流动渠道的通畅，来促进社会结构的开放和稳定发展。本书在最后指出了影响我国今后社会结构转型和代际流动的一些因素、它们对未来社会流动研究的重要意义，以及可能的研究方向。

目 录
CONTENTS

第一章 导论 ·· 001
 第一节 问题的提出 ·· 001
 第二节 研究意义 ·· 007
 第三节 章节安排 ·· 009

第二章 文献回顾与研究设计 ······························ 011
 第一节 文献回顾 ·· 011
 第二节 研究设计 ·· 050

第三章 部门分割下的代际流动 ··························· 061
 第一节 城市劳动力市场的部门分割 ··················· 063
 第二节 部门分割下的代际流动 ························· 076
 第三节 本章小结 ·· 090

第四章 行业分割下的代际流动 ··························· 091
 第一节 城市劳动力市场的行业分割 ··················· 092
 第二节 行业分割下的代际流动 ························· 109
 第三节 本章小结 ·· 118

第五章 职业分割下的代际流动 ··························· 120
 第一节 城市劳动力市场的职业分割 ··················· 121

第二节　职业分割下的代际流动 …………………… 130
　　第三节　本章小结 …………………………………… 140

第六章　劳动力市场的多重分割与职业地位获得 ………… 142
　　第一节　地位获得模型及其改进 …………………… 142
　　第二节　劳动力市场多重分割条件下的
　　　　　　地位获得模型 ……………………………… 145
　　第三节　本章小结 …………………………………… 150

第七章　结论与讨论 …………………………………………… 152
　　第一节　主要结论 …………………………………… 152
　　第二节　主要的贡献与不足 ………………………… 156
　　第三节　需进一步研究的问题 ……………………… 159

参考文献 ……………………………………………………… 162

附　录 ………………………………………………………… 181
　　附录A　各行业平均收入排序 ……………………… 181
　　附录B　地位获得模型的相关矩阵与命令行 ……… 185
　　附录C　本书所使用的中国家庭动态跟踪调查（2010）
　　　　　　问卷相关问题 ……………………………… 187

索　引 ………………………………………………………… 195

后　记 ………………………………………………………… 198

图目录

图2-1　本书的理论框架 ………………………… 051
图2-2　本书的分析思路 ………………………… 052
图3-1　中国城镇分部门就业人员数（1978~2009）…… 066
图3-2　中国城镇私有部门就业人员数
　　　（1978~2009）………………………… 071
图4-1　中国城镇分行业就业人员年平均工资
　　　（1978~2009）………………………… 098
图5-1　中国各职业类别的就业人员比例 ………… 125
图6-1　劳动力市场多重分割条件下的
　　　职业地位获得模型 ……………………… 147
图6-2　个体职业地位获得结构方程的
　　　标准化路径系数 ………………………… 148

表目录

表 2-1　本书所使用的变量 ……………………………… 056
表 3-1　中国城镇分部门就业人员数（1978~2009）…… 065
表 3-2　中国城镇私有部门就业人员数
　　　　（1978~2009）……………………………………… 070
表 3-3　我国城市劳动力市场的部门分类 ………………… 074
表 3-4　各部门不同时期的大专以上学历人员比例、
　　　　年工资收入均值与现工作工龄均值 …………… 075
表 3-5　Hauser 的流动表格 ……………………………… 077
表 3-6　父代工作部门与子代首个工作部门的列联表
　　　　（1978~2010）……………………………………… 081
表 3-7　父代工作部门与子代目前工作部门的列联表
　　　　（1978~2010）……………………………………… 081
表 3-8　父代工作部门与子代首个工作部门数据
　　　　所拟合模型的拟合优度统计量 …………………… 082
表 3-9　父代工作部门与子代目前工作部门数据
　　　　所拟合模型的拟合优度统计量 …………………… 082
表 3-10　本节所使用变量的描述性统计 ………………… 085
表 3-11　不同时期子代进入首个工作部门的
　　　　　Logistic 模型参数结果 ………………………… 086

表 3-12	不同时期子代目前工作部门获得的 Logistic 模型参数估计结果	087
表 4-1	中国分行业就业人员年平均工资（1978~2002）	095
表 4-2	中国分行业就业人员年平均工资（2003~2009）	096
表 4-3	中国非农行业国有职工人数所占比重	105
表 4-4	中国城市劳动力市场的行业分类（2009）	107
表 4-5	各行业不同时期的大专以上学历人员比例、年工资收入均值与现工作工龄均值	108
表 4-6	父代行业和子代首个从事行业的列联表（1978~2010）	112
表 4-7	父代行业和子代目前从事行业的列联表（1978~2010）	112
表 4-8	父代行业与子代首个从事行业数据所拟合模型的拟合优度统计量	112
表 4-9	父代行业与子代目前从事行业数据所拟合模型的拟合优度统计量	113
表 4-10	本节所使用变量的描述性统计	115
表 4-11	不同时期子代进入首个行业的 Logistic 模型参数估计结果	116
表 4-12	不同时期子代目前行业获得的 Logistic 模型参数估计结果	117
表 5-1	中国就业人员职业结构（1982、1990、2000）	124
表 5-2	中国各职业阶层的平均社会经济地位指数（2005）	127
表 5-3	中国城市劳动力市场的职业分类	128

表 5-4	各职业不同时期的大专以上学历人员比例、年工资收入均值与现工作工龄均值	128
表 5-5	父代职业和子代初职的列联表（1978~2010）	132
表 5-6	父代职业和子代现职的列联表（1978~2010）	132
表 5-7	父代职业和子代初职数据所拟合模型的拟合优度统计量	133
表 5-8	父代职业和子代现职数据所拟合模型的拟合优度统计量	133
表 5-9	本节所使用变量的描述性统计	135
表 5-10	子代初职获得的 Logistic 模型参数估计结果	136
表 6-1	不同时期个体职业地位获得结构方程的标准化路径系数	147

第一章 导论

第一节 问题的提出

20世纪70年代末我国实行改革开放政策以来,整个社会开始经历前所未有的"大转型"。一方面,中国开始经历从高度集中的计划经济体制向社会主义市场经济体制的"制度转型"(Institution Transition)[①]。这一转型过程改变了原有的社会资源占有和分配机制,导致不同社会位置得到回报的规则发生了变化。另一方面,中国也正在经历从一个初级工业化社会向成熟工业化社会和中等发达国家转变的"现代化转型"(郑杭

[①] 20世纪70年代末以来我国开始的大规模社会经济变革的历时之长、范围之广、程度之深,是中国历史上所不多见的。学界用不同的词来描述这个从计划经济向市场经济转型的过程,主要有"市场转型"(Market Transition,或译为"市场过渡")、"制度转型"(Institution Transition,或称为"体制转型")和"经济转轨"(Economic Transition)三种说法。第一种"市场转型"论主要由倪志伟提出,他将中国目前的这场社会经济变革视为中国的市场化(Marketization)过程。但"市场转型"遭到了后来研究者的强烈批判,如"产权变形论"和"政经双变论"(边燕杰、张展新,2002),而"经济转轨"多为经济学界研究者使用(赵人伟等,1999),因此,本书使用"制度转型"或"体制转型"来指称这一转型时期。

生等，2004：37~41）。工业化[①]的发展改变了原有的产业结构和职业分布，进一步促进了社会成员向不同社会位置的流动。

中国的转型有别于苏联及东欧原社会主义国家的"激进转型"，是以国家为主导的、自上而下的"渐进转型"，其所带来的社会分层结构的变化成为理论界普遍关注和争论的问题之一，并产生了大量的研究成果（边燕杰，2002；边燕杰等，2008[②]；郝大海、李路路，2006；郝大海、王卫东，2009；李春玲，2005a，2005b；李路路，2002，2003a，2003b；李强，2004；梁玉成，2006，2007a，2007b；刘精明，2006a，2006b；许欣欣，2000a，2000b）。

然而，相关研究的焦点是经济体制转型过程中社会分层、精英筛选和职业流动机制的变迁，而这一过程对代际流动的影响却在一定程度上被忽视了。代际流动模式发生了怎样的转变、当前代际流动状况的结构特征等核心问题并没有得到系统深入的讨论和验证（李煜，2009）。进一步而言，在以市场化为导向的经济体制改革，并伴随其他社会领域改革的社会转型过程中，从代际流动视角来解读社会变迁的特征与趋势的意义何在？

一　社会分层与代际流动

从社会分层和代际流动的关系来看，二者都是对社会结构

[①] 由于现代化是"涉及社会各个层面的一种过程"，而且现代化过程的本质特征或界定性因素十分广泛，所以在实际研究中，研究者通常使用工业化这一现代化进程的重要内容来测量现代化程度（罗兹曼，1988：4）。

[②] 边燕杰（2002）、边燕杰等（2008）中的重要文献包括 Bian & Logan, 1996；Bian & Zhang, 2002；Nee, 1989, 1991, 1996；Nee & Cao, 1999, 2002；Szelenyi & Kostello, 1996；Walder, 1996；Wu & Xie, 2003；Whyte & Parish, 1996；Xie & Han, 1996；Zhou, Tuma & Moen, 1997；Zhou, 2000；等等。

的分析和描述，是一种互为表里、相辅相成的关系。但社会分层是指"社会资源在社会中的不均等分配，即不同的社会群体或社会地位不平等的人占有那些在社会中有价值的事物，例如财富、收入、声望、教育机会等"（李路路，1999：101）。因此，社会分层视角注重的是探索转型社会中的个人和群体在经济、政治、文化和社会资源的占有和分配方面所呈现的不平等状态，以及这些不平等状态对我国社会具有什么样的影响。而代际流动[①]是指在社会分层体系中个体从家庭出身位置到当前位置的流动。代际流动视角更加注重对转型社会中那些有价值的资源的继承和传递程度及其方式的考察，即认为社会转型所形成的社会分化和利益差别不仅表现为个人生活境遇的不同，而且在一定的作用机制下将可能延伸到下一代，并影响新社会成员的社会经济地位获得。

因此，代际流动视角更能反映改革开放至今社会结构整体的、长期性的变化趋势。对代际流动的基本模式和影响机制的变化过程进行研究，是把握转型时期中国社会的构成和未来变化趋势的一个很好的切入点，有助于理解中国社会转型的基本状况和未来趋势，推进对结构变迁、制度转型与社会流动、社会不平等之间关系的理论解释。

二　转型时期劳动力市场的结构变迁与分割特征

要研究转型时期代际流动的基本模式、影响机制及其变化

[①] 在社会学领域，社会流动是指个体或群体在社会分层体系中的不同位置之间的运动，主要考察社会结构与个体行动者之间相互建构的关系。在具体研究中，社会流动主要划分为代际流动和代内流动两类。其中代际流动是指在社会分层体系中个体从家庭出身位置到当前位置的流动，代内流动则指个体在职业生涯内的位置流动。

过程，首先需要准确把握这一时期社会的结构变迁及特征。在代际流动研究中，个体在劳动力市场上所获得的位置（通常为职业地位）是衡量个体社会经济地位的核心变量。在这个意义上，需要先考察转型时期我国劳动力市场的结构变迁。

改革以前，中国城市并不存在真正意义上的劳动力市场。在高度集中的计划经济体制和单位制度下，劳动力资源的配置完全由计划决定，政府对城市劳动力实行"统分统配"的制度安排。具体而言，一方面，城市单位组织和企业的招工、用人按照统一的计划指标方式进行；另一方面，劳动力的自由流动受到严格限制，单位和劳动者双方都没有独立的主体身份（沈士仓，1997：33）。

在我国实行以市场化为导向的经济体制改革以后，城市劳动力市场才逐渐发育起来，并呈现迅速变化的特征。

首先，随着私有经济的出现，企业不再是国家行政部门的附属物，开始享有用工的自主权。城镇劳动者也随着劳动合同制度的产生逐渐享有劳动和择业的自主权，城市劳动力市场随之发育起来。

其次，在经济体制改革过程中，劳动力市场逐步出现了一些重要的变化，使中国城镇的自由劳动力市场得到进一步发展。这些变化包括20世纪80年代乡镇企业的兴起，使小城镇中涌现出一些局部劳动力市场；90年代初邓小平南方谈话后，数以千万计的农村剩余劳动力（"农民工"）不断地涌入城市，为私有部门的长足发展提供了充分的、供大于求的低成本劳动力资源；90年代以来连续不断的国有、集体企业改革，特别是自1994年开始的、以优化组合和企业改制为主要特征的国企改革，基本上瓦解了国有部门对自身所控制的劳动力市场的垄断。我国政府先后在 1982 年、1988 年、1993 年、1998 年、2003 年进行了五次较大幅度的政府机构改革，并推行了一系列与之相配套的干部、人事制度变革，同时一些重要的改革措施在以事业单位为主的其他公共部门中也基本参照执行。

但是，就目前而言，与其他资本要素市场和产品要素市场的发展相比，我国城市劳动力市场的发展还处于滞后状态。滞后的原因主要是经济改革进程的迅速推进与社会和政治领域中传统制度变革滞后之间的矛盾，以及劳动力供给和需求变化与传统的社会控制体制相冲突。这使中国城市的劳动力市场逐步演变出了一种多重分割格局，既有古典意义上的分割，即传统部门与现代部门之间的分割，也有制度性分割，而后者是导致中国劳动力市场多重分割的主要因素（李建民，2002）。

从长远来看，中国劳动力市场的发展需要逐步消除制度性分割，建立劳动力自由流动的统一劳动力市场，为中国经济持续发展和社会稳定提供重要保障。

三　劳动力市场分割理论的引入

劳动力市场分割理论是劳动经济学领域的一个重要理论流派。它突破了传统经济学对劳动力市场是统一的、完全竞争性的假设，以及仅关注市场性因素的局限，将制度性因素和社会性因素纳入分析框架，从一个新的视角去考察劳动力市场对市场运行所产生的各种后果。

在经济学领域，研究者从劳动力市场分割视角对劳动力结构性短缺和过剩、工资性收入差距以及劳动力流动障碍等问题进行了大量研究，取得了丰富的研究成果。

在社会学领域，有些研究者同样关注在影响个体社会经济地位获得中那些个人特征之外的结构性因素,这一流派被称为"新结构主义"(New Structuralism)。新结构主义者们并不否认职业地位、教育、收入在社会分层和社会流动中的意义,并仍然以职业、产业、企业、阶级及权力关系等来划分劳动力市场结构。但他们认为,在经济和社会生活中存在很多分割性的结构因素,这些结构性因素对个人社会经济地位获得具有更为重要的影响。

在既有的研究中,采用劳动力市场分割视角来研究我国转型时期劳动者的代内流动的研究较多,但关于代际流动的研究尚不多见。事实上,劳动力市场的分割特性对个体的职业地位获得具有重要影响。原因是这种分割特性会对个体的流动形成障碍,使阶层之间结构壁垒效应增强,社会趋于封闭而非开放,从而影响整个社会的公平和稳定。

四 本书研究的问题

结合以上对社会分层和代际流动的关系、转型时期中国城市劳动力市场的结构变迁与分割特征,以及劳动力市场分割理论的讨论,本书研究的问题可表述如下:在经济体制改革以及劳动体制改革的背景下,考察中国城市劳动力市场的分割状况如何影响个体的职业地位获得,以反映中国城市代际流动的总体水平、不同时期代际流动的影响因素和可能的影响路径。

该研究问题可进一步分解为以下三个具体问题。

第一,转型时期中国城市劳动力市场的结构变迁中是否存在分割现象,以及这些分割现象的特征是什么?

第二,如果城市劳动力市场存在部门分割、行业分割和职业分割,那么在不同时期,这些结构性分割因素是否影响了代际流动，包括子代最初部门、行业和职业的进入与目前部门、行业和职业的获得？

第三，如果这些结构性分割因素的确在不同层面影响了子代的地位获得，那么在综合考虑这些因素的条件下，它们对子代职业地位获得影响的路径是什么？

第二节 研究意义

一 理论意义

代际流动是评价一个社会的机会结构开放程度的重要指标（Featherman et al.，1975；Ganzeboom et al.，1991），也一直是社会学的核心研究领域之一。

以往国际上主流的代际流动理论，基本上是在成熟的市场经济社会中、在相对稳定的市场经济体制下的渐进过程中发展起来的。这些社会虽然也曾经历过战争和各种社会运动的冲击，但市场经济体制一直没有发生根本性的变化。在这样的社会背景下，有关代际流动范围、程度和模式的探讨主要是对市场经济社会的静态分析，很多研究工作是对经典理论模型的深化或细化。

然而，自20世纪70年代末以来，中国和其他社会主义国家发生了以体制转型为核心的深刻社会变迁。特别是中国，转型的规模与深度在当代世界都具有重要意义。在这样的社会中所发生的体制转型，已经并将继续对已有的代际流动模式提出挑战，为相关理论的发展和更新提供新的动力。首先，在新的制度条件下，原有基于西方市场经济的解释框架（包括"工业化－功能主义解释逻辑"或"制度主义解释逻辑"）和国家社会主义计划经济下的解释框架（如"单位制解释逻辑"等）已无法适用于分析和反映当前的社会现实。其次，近年来基于制度转型的解释框架，包括"再生产逻辑"和"双重流动逻辑"尚存争议。

因此，探究我国社会不平等的代际传递在新历史条件下的模式、特点和机制，既有助于发展出与针对西方市场经济的"工业化－功能主义解释逻辑"和"制度主义解释逻辑"不同的理论解释，又能对国内学者已提出的"阶层再生产机制"和"双重流动机制"进行验证和回应。

二 现实意义

我国的改革开放历程，迄今已逾30年。一方面，经济体制改革从局部的制度变革，到逐步确立建立社会主义市场经济的总体目标，取得了举世瞩目的成就。另一方面，经济体制改革亦到了一个新的关口，不同阶层、不同群体间的利益分化已经显现，很少有像中国那样在短短二三十年里从最平均的国家一举成为最不平均的国家之一。

诸多研究者已经向我们描绘了一幅转型时期的社会结构形态的图景，包括社会贫富差距日益扩大，各种经济、政治、社会资源和财富被社会上层精英控制；社会阶层壁垒增强，广大普通民众越来越难以流动到社会精英位置；社会价值观和公共道德伦理缺失；社会大众对政府的信任程度降低，充满对立与冲突情绪的群体性事件发生概率不断攀升；等等。这些问题和矛盾要求政府必须建立起协调各个社会阶层利益的整合机制、解决矛盾冲突的缓解机制和维持社会秩序的稳定机制。

首先,转型时期社会的代际流动机会在一定程度上能够反映不同时期各个社会阶层的利益分配格局。如果某一时期的代际流动机会较少,原有利益集团的既得利益就会得以延续,非既得利益集团的利益诉求就难以得到满足,这将加剧社会各阶层之间的矛盾和冲突。而合理的代际流动机制则能够对这一矛盾和冲突起到一定的缓和作用。

其次,转型时期中国城市劳动力市场存在主要由制度性因素导致的劳动力市场多重分割现象本身就是公平失衡的结果,对个人、企业与社会都造成了一系列负面影响。

因此,本研究对于劳动力市场上存在的分割因素如何影响代际流动的分析,有助于认识和理解不同社会阶层和群体之间的利益关系,促进社会各阶层之间的和谐,保证社会公正、公平、健康和稳定地向前发展。

第三节 章节安排

全文一共分为七章,各章的主要内容如下。

第一章为导论部分。从劳动力市场分割视角提出本书的研究问题——在经济体制改革以及劳动体制改革的背景下,考察中国城市劳动力市场分割状况是如何影响个体的职业地位获得的,以反映城市代际流动的总体水平、影响因素和可能的影响路径。

第二章为文献回顾和研究设计部分。首先,通过回顾国内外有关代际流动、劳动力市场分割与社会流动的相关研究,提出从劳动力市场分割角度来考察个体的职业地位获得具有一定的理论创新意义。其次,提出本书的研究设计,包括理论框架、分析思路与研究假设、数据来源、变量选择以及具体的分析方法。

第三章至第六章为本书的主体部分。其中，第三章至第五章的论述结构基本相同，分别考察城市劳动力市场在结构变迁过程中是否存在部门分割、行业分割和职业分割。如果研究证明这些分割状况的确存在，那么研究将转入探讨这些分割状况是否分别影响了子代的地位获得，包括最初部门、行业和职业的进入与目前部门、行业和职业的获得。第六章在第三章至第五章的分析基础上，进一步探讨劳动力市场分割条件下的地位获得模型，以对以往转型经济下的地位获得模型进行修订，从而对"再生产逻辑"和"双重流动逻辑"进行验证与回应。

第七章为总结和讨论部分。归纳本书的主要结论，以及可能的贡献与存在的不足，并指出下一步研究的方向。

第二章 文献回顾与研究设计

第一节 文献回顾

一 国外代际流动相关研究

代际流动研究的核心是考察父代和子代在社会地位上的传承模式、机制及其变化规律,以揭示父辈间的不平等是如何及在多大程度上传递到下一代的。最早有关社会流动的学术研究可以追溯到索罗金的《社会流动》①,但全国性、系统性的研究在二战以后才展开。在过去的半个世纪里,代际流动研究在理论和方法上都有长足进展。按照理论模型和分析方法的推进,可以分为四个阶段。

1. 流动率分析

在 20 世纪 50 年代至 60 年代中期,代际流动研究逐渐在各国展开,研究者普遍关心的问题是:不同国家之间的代际职

---

① 索罗金认为,社会流动是指社会事物、价值,即由人类活动创造、改观的全部事物,从某个社会位置向其他社会位置的全部流动。参见今田高俊(1991)。

业流动模式有什么差别，以及这种差别的程度有多大？索罗金并没有从社会的开放性角度对社会流动进行研究，这项工作是由 Glass 及其研究小组完成的，他们首次提出了与社会开放性密切相关的完全流动（Perfect Mobility）概念[①]（Glass, 1954）。通过对职业流入、流出的占比进行简单比较，研究者发现西方工业化国家的社会流动模式大体相同（Lipset and Zetterberg, 1956; Lipset and Bendix, 1959），但工业化社会与非工业化社会相比有较高的流动率（Fox and Miller, 1956; Lenski, 1966）。

然而，通过流动表分析计算出的流动率和流动指数，在对社会阶层（或阶级）的开放性进行说明时，存在一些无法克服的缺陷。核心的问题是如何在统计技术上控制职业结构变迁对流动率计算的影响，以便将由工业化带来的社会结构变动所引起的结构流动（Structural Mobility）与由社会阶层开放性引起的循环流动（Exchange Mobility）区分开（Treiman, 1970）。尽管研究者希望借助"流动比率"（Mobility Ratio）这一指标来克服（如 Glass, 1954; Carlsson, 1958），但后来证明这一方法并没有能够完全将流动机会从边缘分布（职业结构）的影响下彻底地剥离出来（Featherman and Hauser, 1978）。

2. 地位获得模式

区别于"阶层流动分析"对代际流动趋势的宏观层次研究，Blau 和 Duncan（1967）从个体层次来考察代际流动。首

[①] 完全流动是指机会均等的社会流动，也就是代际流动中子女地位不受父母地位的影响。在完全流动状态下，社会阶层就是完全开放的。但这种完全流动状态只是一种理想状态。

先，他们通过计算各个职业群体的平均受教育程度和收入来衡量这些不同的群体，开创了一种新的可用于连续性数据分析技术的职业地位量表"社会经济地位指数"（Social Economic Status Index，SESI），从此将个人的资源引入社会分层的过程之中。其次，他们采用路径分析来探讨美国成年男性人口的地位获得，即本人当前的职业在多大程度上受到先赋性因素（父亲的职业、父亲的受教育程度）和自致性因素（本人的受教育程度、本人的初职）的影响，被称为"地位获得模型"。研究发现，先赋性因素（父亲的职业地位和父亲的受教育程度）的解释水平仅占总体影响强度的20%，由此得出美国社会是一个开放社会的结论。该研究的贡献在于区分了父亲职业地位对子代职业地位的直接影响和间接影响，并对教育在社会流动中的作用进行了分析和回答。一方面，教育独立于家庭背景对本人职业地位发生作用；另一方面，教育又是社会不平等不断再生的主要动力之一，因为大部分现存的社会不平等是通过教育获得过程来完成代际传递的。

在此之后，Duncan等人试图引入智能因素、子女数和收入（Duncan et al.，1972），Sewell等人引入社会心理因素（Sewell et al.，1975）来扩展地位获得研究的广度和深度。同时，结构方程模型的引入（Joreskog，1970）也促进了对地位获得模型的不断修正。

总体而言，地位获得模型的核心在于强调工业化在社会流动中的重要性。它为现代工业社会的社会流动提供了一种工业化-功能主义的解释，认为工业化和技术的发展作为一种理性化的过程，必然要求将职业地位作为社会地位的核心，社会选择的标准将从家庭出身转变为成就，随着工业化和技术的发

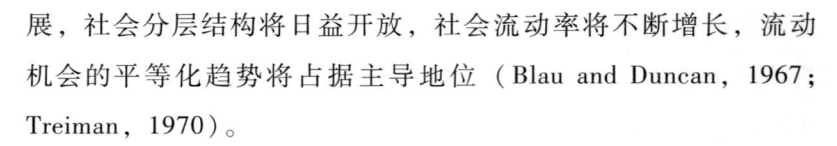

展，社会分层结构将日益开放，社会流动率将不断增长，流动机会的平等化趋势将占据主导地位（Blau and Duncan，1967；Treiman，1970）。

然而，地位获得模型及其扩展模型是一种个体主义取向的研究，对个人在地位获得上受到结构性因素影响的忽视也不断受到后来研究者的质疑与挑战。

3. 阶层流动模式

在20世纪70年代初期国际社会学学会"社会分层与流动研究委员会"的成员们为比较分析而搜集的各国数据基础上，Featherman、Jones和Hauser（1975）的工作又一次推动了代际流动研究重心的转移。他们采用对数线性模型方法，利用美国和澳大利亚两个国家的数据，对家庭出身和最终地位之间的关系进行了分析。研究发现，由于两国的农业、制造业、服务业的结构比例不同，它们在绝对流动率上存在差异，但它们有着相同的相对流动率。换言之，在用对数线性模型控制家庭出身和最终地位分布的国家间差异后，所得出的这两个国家代际社会地位的关联度是相同的。由此他们给出了一个普遍假设，即"FJH假设"：在具有市场经济和核心家庭制度的国家里，不同国家尽管流动率有所不同，但代际的关系模式都是相似的。其所建立的代际流动的跨国比较模型，亦被称为"共同社会流动模型"（Common Social Fluidity）。

后继学者不断对 FJH 假设进行更大范围的检验或修正（Erikson and Goldthorpe，1987a，1987b；Hauser，1984a，1984b；Erikson and Goldthorpe，1992；Breen and Whelan，1996），但在基本的代际关系模式上仍持同样的结论，即在不同的国家，家庭出身与最终地位间的关联强度有所差异，但关联的模式（流动模式）则呈现出惊人的相似性——都是以社会继承性和短距离流动为主导特征，代际优势的持续性都是显著的（Hout，2004）。这一研究结论否定了工业化-功能主义假设提出的社会流动率将随工业化过程的发展而不断提高的预测，为社会流动的研究提供了一种新的制度主义的解释逻辑。

在分析方法上，研究者所使用的对数线性模型能够将绝对流动率和相对流动率分开，并将双变量关系分解为多维度模型进行考察，解决了传统粗流动率分析不能控制和消除结构变迁因素的影响这一难题。此后也有学者做出新的改进，如对数可乘积面效应模型能更加简约地检验不同国家和地区的代际流动差异（Xie，1992）。然而，由于对数线性模型只能提供二元分布的信息，采用这一方法的流动研究也被指责为只重视分析流动的结果，而忽视对流动过程和机制的解析。

4. 对两种模式的反思

以上在20世纪60、70年代提出的地位获得模式和阶层流动模式及其理论逻辑可以称为社会流动研究的传统研究方式和基本理论。此后，整个社会科学包括社会学进入一个对传统理论进行挑战和批判的时代。研究者对所谓现代化和资本主义经济及社会结构重新进行反思，将在社会分层研究中长期受到忽视的社会关系（包括生产关系）因素、制度因素和历史因素等宏观变量，纳入分析和研究之中。此时的研究者认为除了工业化发展之外，其他一些因素对社会流动和不平等的结构同样起着重要的作用，其发展并不是简单地随着时间的推移而必定呈现出单一方向的变化趋势。

因此，研究一方面对阶层流动模式的适用性进行更大范围的检验，另一方面对在理论传统上占主导地位的以个人特征为导向的地位获得模式提出理论批判，这些理论流派主要有新结构主义和社会网络理论。

新结构主义研究者深受制度学派的影响，他们拒绝隐含在传统理论中的现代化、产业化预设，尖锐批评传统社会分层和社会流动理论忽视了社会经济结构对社会分层和社会不平等关系的影响。其最直接的理论来源是针对新古典经济学提出的劳动力市场分割理论。代表性的研究有 Doeringer 和 Piore（1971）提出的二元劳动力市场模型（Dual Labor Market Model）。尽管二元劳动力市场和之前其他研究者提出的诸多"结构"理论，包括双重经济理论（Dual Economy Theory）（Averitt，1968）、内部劳动力市场理论（Internal Labor Market Theory）（Kerr，1954）等在概念上尚有争议，但其共同的主题是强调在社会分层和地位获得中那些个人特征之外的"结构性"因素，被称为"新结构主义"。研究者们并不否认职业地位、教育、收入在社会分层和社会流动中的意义，实际上仍然是以职业结构或收入结构作为市场经济社会中的主要社会分层结构。但是他们认为，在经济和社会生活中存在很多结构性因素，这些结构性因素对个人社会经济地位和地位获得具有更为重要的影响。研究者们致力于概念化和测量由劳动就业所形成的阶层化劳动力市场结构，并探讨其对个人社会经济地位的影响，如 Baron 和 Bielby（1980）、Hodson（1984）对"企业"间差异所造成的结构特征的强调；Wright（1978，1979）、Wright 和 Perrone（1977）对"阶级"，Stolzenberg（1975）对"职业"，Beck、Horan 和 Tolbert（1978）对"产业"，以及 Baron 和 Newman（1990），Tigges（1988），Kalleberg、Wallace 和 Althauser

（1981）对"权力关系"所导致的结构特征的强调，Reid 和 Rubin（2003）则强调对各种结构要素的多元整合。归纳而言，新结构主义有三个主要的研究方向：①探讨经济、产业部门、公司、劳动力市场结构及其分割情形；②这些分割现象对个人收入的影响；③不同的产业部门、公司或劳动力市场结构对职业生涯和流动的影响。

社会网络理论认为有关社会流动和地位获得研究中所描绘的"个人资源"，包含的是个人的财富、地位和权力，而"社会资源"的概念则围绕两个方面建立起来：社会关系以及经这些社会关系而联结到的"位置"中所嵌入的资源，即社会资源是嵌入个人通过其社会网络而联结的他人的位置中的。有关社会关系网络（社会资本）与社会流动间关系的研究最早可以追溯到 Granovetter 对利用人际关系找工作的开创性研究。他认为市场经济是不完善的经济，主要表现为信息不对称（Information Asymmetry），即信息拥有者的信息是确定的、丰足的，而信息需要者却得不到确定的信息，其信息量也是相对贫乏的。在这样一个信息不对称的劳动力市场中，很难想象劳动力的配置能职遇其人、人施其才、才尽其用，无序流动和自愿失业不可避免。而弥补这一不足的机制就是社会关系网络（Granovetter，1973）。通过分析社会资本、关系强度与地位强度三者之间的联系，他发现通过相识得到信息的人往往流动到一个地位较高、收入较丰的职位，而通过亲属和朋友得到信息的人向上流动的机会则大大减少了。他将这一现象解释为"弱关系的强度"，并由此提出了著名的"弱关系假设"。在他看来，强关系是群体内部的纽带，由此获得的信息重复性高；而弱关系是群体之间的纽带，它提供的信息重复性低，充当信息桥的角色。使用弱关系谋求职业流动的人，正是由于了解到非重复的更有价值的信息，才获得了向上流动的机会。林南扩展和修正了弱关系假设，提出了社会资源理论（Lin，1982）。该理论的出发点是，在一个分层体系中，相同阶层的人们在权力、财富、声望等资源方面的相似性高，他们之间往往是强关系；而不同阶层的人们的资源的相似性低，他们之间往往是弱关系。当人们追求工具性目标时，弱关系就为阶层地位低的人提供了连接高地位人的通道，从而获得社会资源。Granovetter和林南的理论被大量的实证研究所证明（Granovetter，1995）。总之，社会网络理论研究者们强调个体间存在不同类型的资本（如人力资本和社会资本）上的不平等，这将导致社会经济地位的不平等，这一理论为传统社会流动研究提供了一个新的解释路径。

总体而言，研究者对地位获得模式和阶层流动模式的反思，体现了研究者试图突破传统流动分析框架，开始注重特定的社会经济结构（包括经济结构、个人网络结构等）对个人地位获得的约束性。Hout 和 DiPrete 将考虑社会经济因素对个体职业地位获得的影响的研究总结为六大领域，包括：①家庭结构的影响；②社区的影响；③教育体系的影响；④劳动力市场的影响；⑤福利国家的影响；⑥个体生命历程的影响（Hout and DiPrete，2006）。在分析方法上，研究者同样试图结合地位获得模式路径分析的简约性和阶层流动模式强调的阶层多维性，尝试将对数线性模型用 Logistic 模型（Logan，1983）的形式重新表述，用于揭示代际流动的过程和机制。其贡献在于能够将地位获得模型中的中介变量——教育，整合进入代际职业流动表的分析中，Logistic 模型及其各种拓展形式不仅可以非常灵活地设定预设的流动模式矩阵，也可以将相关的解释变量直接加入模型进行分析。尽管Logistic模型应用于流动分析的时间还很短，但模型的灵活性和对过程的可分析性已经预示了这一模型有很强的应用前景。

二 中国代际流动相关研究

尽管有研究者总结，阶层流动模式和地位获得模式所提供的基本解释逻辑和基本分析工具的普遍运用，使延续上述两种解释逻辑的研究已经相当深入，给后继者留下的讨论余地已经很少（Grusky，2001），但处于转型期的中国为代际流动研究提供了新的研究问题。

自20世纪70年代末以来的经济体制改革和其他领域的改革推动了中国经济的持续、高速增长。一方面，制度变革和经济增长导致社会分层结构发生了巨大变迁；另一方面，制度变革和经济增长又嵌入社会结构之中。因此，在具体制度背景和具体转型阶段下的代际流动研究成为社会学界关注的热点之一。研究者一方面学习和借鉴西方研究范式，对西方的理论范式进行检验或修正；另一方面从实际调查数据分析中，提出新的理论观点和判断。总体而言，中国代际流动研究可以分为两个阶段。

1. 计划经济下的代际流动研究

怀默霆（Martin King Whyte）最早对中国计划经济体制下（改革前）的地位获得和社会流动进行了系统研究。他利用二手资料，主要分析了中国居民在"文化大革命"期间的状况以及他们对"文革"前、"文革"初的状况的回顾。他认为，与旧中国和苏东社会主义国家相比，计划经济体制下的中国是一个更为平等的国家（Whyte，1975）。

后来，白威廉（William Parish）运用布劳-邓肯地位获得模型来分析中国"文革"和"文革"前两个时期人们获得教育、职业、收入三个重要的社会地位的机会不平等问题。研究发现，"文革"对中国的社会分层结构进行了彻底的清洗，使家庭背景对子女的地位获得的提高无所助益。即使在"文革"前家庭背景对子女社会地位获得的影响显著，这种来自父辈的作用力也显得微乎其微，从而使中华人民共和国成立初期比较平缓的社会分层结构转变为"文革"时期非阶层化（Destratification）大平均主义结构。他的解释是，正是1949年以来中国社会经历的政治经济变革与转型使地位的代际传递被显著削弱，而非源于类似西方的工业化过程（Parish，1984）。

然而，社会地位的传承在"文革"后的中国真的不存在了吗？一个关键的问题是，在社会主义计划经济条件下，"职业地位"[①]是否能代表一个人真正的"社会地位"。由于不满足于既有的学术解释，其他研究者从中国具体的制度因素和结构因素入手，对地位获得模型进行了修正。

Walder（1986）首先指出了工作单位在中国作为政治经济地位表现的至关重要性。Lin 和 Bian（1991）也认为，在社会主义计划经济条件下，资源的分配与社会结构中的个人地位大多由政治权力而非市场机制所决定。因此，在社会主义计划经济条件下研究"地位获得"，应该着重研究"单位地位"，而

[①] Parish 将"社会地位"操作化为"按阶级划分的二十岁时职业级别"，从低到高依次是农民、工人、运输工人、商人、资本家、职员和干部六个社会地位等级。

不是职业地位[①]。他们在 1985 年的天津调查时加入一个重要的"单位地位"指标,即所有制性质——国有与非国有。研究发现,用这个中介变量来测量父亲和子女的社会地位时,虽然代际职业地位的传承关系已不存在,但代际单位地位的传承关系非常强。这一发现说明对地位获得的研究必须考虑具体的政治经济形态,而不能依赖所谓的"通用性指标"。边燕杰又探讨了其他的"单位地位"指标,如单位性质级别、行业地位、人员规模等(Bian,1994)。此外,党员身份也作为社会主义计划经济的重要指标被纳入地位获得模型(Lin and Bian,1991;Walder,1995)。这些研究表明先赋性因素对个人地位获得的直接影响在中国不仅存在,而且举足轻重。

2. 转型经济下的代际流动研究

20 世纪 80 年代末至 90 年代中期,国际社会对有关中国市场发育程度与社会分层秩序之间的关系进行了一场激烈的争论。尽管当时这场争论并没有直接关注代际流动,而是集中在市场转型过程中社会分层、精英筛选和职业流动机制的变迁等方面,但它对中国代际流动的研究起到了持续性的、重要的影响。因此,20 世纪 90 年代末以来,有关市场转型背景下的中国代际流动研究成果开始涌现。在理论推进上,研究者通过对中国代际流动模式的概括性分析,提出了"阶层再生产机制"和"双重流动机制"两种机制。在具体的实证分析上,研究者不仅对现存的单位、地区、户籍等结构壁垒因素进行了更深

[①] 学术界最近使用较多的是参考戈德索普(J. H. Goldthorpe)的职业分类框架而设定的职业阶层序列。例如,林南与边燕杰在讨论中国城市中的就业与地位获得时,就使用了这一方法,将职业阶层由低到高依次定义为:①农业;②商业;③制造业;④服务业;⑤办公室工作;⑥行政与管理;⑦专业与技术工作。

入的考察，以揭示这些因素对社会流动所造成的影响；而且同时还对地位获得过程，特别是初职的地位获得过程进行了历时性分析，并尝试用新的理论框架来解释代际流动的影响因素。

（1）市场转型理论及其争论

该争论始于倪志伟1985年对福建农村的调查，研究发现市场转型将降低对政治资本的经济回报，而提高对人力资本的经济回报，由此提出的"市场转型理论"与工业化－功能主义解释逻辑赋予"经济－技术"理性以重构社会分层结构的"魔力"（Erikson and Goldthorpe，1992）相类似，倪志伟的市场转型理论赋予市场机制的兴起以同样重要的意义，即认为市场机制逐渐取代再分配机制的过程，将导致社会权力结构的变革，从而导致社会分层结构的重组（Nee，1989，1996）。然而，倪志伟将再分配经济[①]和市场经济看作两个完全不同的社会经济形态，会导致两种截然不同的社会分层机制的绝对主义看法，遭到了后来研究者的质疑和批评。批评者的理论包括罗纳－塔斯的"权利变形论"、边燕杰和罗根的"权力维续论"、白威廉和麦谊生的"政治市场双重转型论"、Walder的"产权变形论"、周雪光的"政治经济同步演化论"等（参见边燕杰，2002；边燕杰等，2008）。

研究者在争论中逐步形成一个共识，市场化改革的结果并没有像市场转型理论所预测的那样固定不变，"谁赢谁输"取决于具体的制度条件。因此，代际流动研究同样应该注重对具体制度的作用的分析，才能理解社会不平等结构的变化。它强调了在市场转型不同阶段，不同影响因素所起的作用的差异。

[①] "再分配经济"的概念，首先由Polanyi提出，然后由Szelenyi应用与分析传统中央计划经济体制。转引自李路路（2003a：1）。

如在改革过程中，政府对经济的管理形式也在不断调整，对干部的选拔标准也从"政治忠诚"转向学历和文化标准。因此，认清特定历史情境下各种影响因素之间的关系和变化机制，对代际流动研究有着重要影响。

因此，市场经济的转型对于社会分层模式变化的影响，不仅取决于市场机制本身的性质，还取决于市场机制运行和发展的制度环境。正如市场机制对于社会不平等的影响一样，在不同的制度背景下和特定的转型阶段，市场机制的兴起对社会分层结构的作用有很大差别（Walder，1996；Szelenyi and Kostello，1996）。

后继的代际流动研究者们更加关注中国具体的制度背景和所处的转型阶段，并明确将对再分配机制和市场机制的检验纳入既有的研究框架。自变量基于两个维度：第一，先赋性和自致性；第二，再分配机制和市场机制。这两个维度构成了地位获得研究的基础（李路路，2003a）。陆学艺也同样指出："50多年来，中国的社会流动是在社会政治经济制度几度重大的变革背景下发生的。而工业化国家学者研究的社会流动，一般都是研究在政治、经济制度和社会政策基本稳定的背景下的代际流动，所以两者在社会流动的机会、规则、方向、速度、规模等方面都是不同的……所以，仅仅应用现在国际上比较通行的社会流动研究理论、模式来研究中国的社会流动的许多现象，都不好解释。"（陆学艺，2004：9）"那么，适宜的分析框架应当是什么呢？我们可以使用的社会流动解释框架，就由四类基本的、在某种程度上可以独立起作用的变量以及一类综合性变量组成：①先赋性变量；②后致性变量；③经济－社会结构变量；④制度－政策安排；⑤具有综合性的社会资本（或关系

网络)。"(陆学艺，2004：29)

(2) 阶层再生产机制的提出

在市场转型理论及其争论的部分思想（如权力维续论等）基础上，以李路路为代表，中国研究者针对市场转型以来的社会流动状况，提出了"阶层再生产机制"。

李路路利用1998年北京、珠海、无锡三个城市的调查数据，建立了代际相对关系分析模型，以揭示中国制度转型过程中（即改革前后）阶层相对关系的变化。研究发现，"在再分配经济向市场经济的转型过程中，一个社会中的社会分层模式，固然取决于经济技术状况和经济机制的基础，但同时也受到政治、社会利益以及文化传统的强大影响，建立在阶层基础上的政治和社会利益相对独立于经济理性。社会分层结构所具有的再生产性和阶层间的相对封闭性不仅是一种被动的社会现象，而且自身就具有极强的生命力。阶层相对关系模式在社会变迁的过程中，仍然会通过各种不同的方式顽强地延续下来。特别是那些在资源和权力占有方面具有优势的阶层，会通过各种不同的方式，将所拥有的资本和权力传递下来，从而在社会变迁甚至是社会动荡的过程中也保持着阶层地位的继承性和稳定性"（李路路，2002：117）。因此，他认为阶层再生产机制比工业化－功能主义机制能更好地解释中国改革后的地位。

但是，在社会分层结构变化的分析中，与相对关系模式同样重要的是有关结构化（阶层化）机制的分析，即对人们获得某种社会地位的机制或决定性因素进行分析。李路路认为："在向市场转型的过程中，市场机制的兴起在很大程度上改变了结构化（阶层化）的机制，或者说，改变了阶层再生产的机制。"(李路路, 2003a：42) 由此, 他采用多项 Logistic 回归建立个人地位获得模型, 来探讨制度变迁 (改革前与改革后) 与结构化机制变化 (个人地位获得的决定因素的变化) 之间的关系。研究结果显示出一种看似复杂的变化趋势：向市场经济体制的转型, 凸显了父代地位的影响; 同时保持和在一定程度上强化了教育的作用; 政治身份的作用有不同程度的降低。通过对父代地位和教育获得关系的进一步考察, 他发现, 在改革前, 由于再分配体制中较为强烈的政治和政策的影响, 以及国家对于资源分配的集中控制, 代际再生产是以教育为中介进行的。在向市场经济转型的过程中, 一方面, 教育还具有代际再生产的中介作用; 另一方面, 代际再生产具有一种"从间接到间接与直接并存"的转变 (李路路, 2003a：47~48)。

在后继的研究中, 李路路 (2006) 进一步指出了工业化的机制和制度主义的机制存在的解释缺陷。[①] 在此基础上, 李路路提出再生产的机制和统治的机制也是形成共同的继承性流动模式的重要机制。然而, 李路路对再生产机制和统治权力机制的讨论仅仅属于对研究假设前提或条件的讨论, 并没有能够提供可操作化的方案。

由于再生产机制更注重经济、权力资源的继承性, 那么进一步的问题就是精英群体的地位是如何传承的。郑辉、李路路

---

① 首先, 正如 FJH 假设所批评的那样, 工业化的机制无法解释在不同社会中普遍存在的代际以继承性为主要特征的关系模式, 其关于社会流动随工业化进程不断增长的预言也没有得到证实。其次, 在 FJH 假设中, 其所强调的市场经济与核心家庭制度仅仅被作为分析遗传型流动模式的背景。所谓"一致性差异模型"(Erikson and Goldthorpe, 1987a, 1987b, 1992) 基本上都没有对关系模式中共同的继承性特征形成的机制给予深入的解释。另外, 代际关联度的复杂状况 (Ganzeboom et al., 1991) 无法用统一的工业化逻辑和制度主义逻辑对此进行解释 (李路路, 2006)。

的研究发现,在市场转型过程中,通过"精英排他"和"精英代际转化",不同类型的精英群体(行政干部精英、技术干部精英、专业技术精英)之间互相渗透,并已形成一个团结的、合作的、没有分割的精英阶层,实现了精英阶层的再生产(郑辉、李路路,2009)。

(3)双重流动机制的提出

李煜通过对西方代际流动文献的回顾,提出对应三种不同的社会类型,存在三种代际流动理想类型,分别是:①依据绩效原则的自由竞争模式,其特征是流动机会按个人能力和贡献分配,对应完全市场制度的社会;②社会不平等结构下的家庭地位继承模式,其特征是家庭的社会经济背景对子女的地位获得有决定性的影响,社会的不平等结构因此而代代相传,如果一个社会的不平等程度越深,跨阶层流动越困难,代际的地位继承性特征就越突出;③国家庇护流动模式,其特征是国家通过政策和制度设计,干预社会流动进程,特定的阶层将拥有更多的流动机会或被剥夺应有的机会。

李煜认为,市场化和地位再生产的逻辑同时存在于当前的中国社会,但对社会不同群体的效能并不相同。对仅占社会中小部分的精英阶层而言,社会再生产的逻辑将起主导作用;而对于广大普通人群,其资源和权力的占有量差异不大,流动机会的差异虽然存在,但不会有天壤之别。而且,市场化和再生产的逻辑共同作用的后果是,社会流动机会的分布将以阶层高低分割为一个菱形结构:上层的精英阶层和社会底层多表现为家庭地位继承的流动模式,向上或向下的机会都不多,而处于中间阶层的大量普通社会成员受益于市场化进程所带来的社会开放性,其流动趋向自由竞争模式,他们拥有较多的流动机会。他将此称为市场化和再生产"双重流动机制"下的菱形结构模式（李煜，2009）。

然而，李煜对双重流动机制的研究同样属于对理想类型的推论，尚未得到进一步的检验。

（4）对结构性因素的进一步考察

尽管中国社会在不断转型的过程中，社会流动机制虽可能发生相应变化，呈现历史阶段性特征，但是不同时期人们因为政策或制度的安排，获得流动的机会和方式会有所不同。换言之，单位、地区、户籍等结构壁垒的存在，仍然对代际流动产生较大的影响。

边燕杰等通过分析中国综合社会调查（China General Social Survey，CGSS）2003年相关数据发现，尽管市场经济的发展正在弱化单位壁垒和地区壁垒的作用，但单位和地区对地位获得的影响仍在持续。单位壁垒的作用表现在，单位作为资源控制和运用主体，单位地位比职业地位更凸显，同类职业在不同的单位类型中其收入含量相异，父代职业对子代地位获得没有影响，而父代的单位地位却影响着子代的地位获得；地区壁垒的作用是，职业地位的收入含量随城市级别的提升而大幅度增加（边燕杰等，2006）。

吴晓刚通过1996年"当代中国生活史和社会变迁"的全国性抽样调查数据，从城乡制度分割角度研究家庭背景对职业流动的影响。研究认为，"农民的代际流动率相当高，城市中的社会流动也具有相当的开放性"是由中国独特的户籍制度造成的。这一制度使农村中从事非农职业、没有改变户口性质的农民子女还要继续务农；只允许农村中受过很高教育的人获得城市户口。这种状况使以往仅限于城市人口的社会流动研究产生了严重的样本选择性偏误（吴晓刚，2007）。

陆益龙进一步考察了不同户口特征（包括个人户口级别、个人和家庭的户口性质、户口迁移和转变的经历）对个体社会流动所起的作用。研究发现，改革开放前，个人职业上升流动受家庭户口因素的影响较大。1977~1992年，一方面，户籍制度的原有作用依然持续，表现为城镇户口和本地人获得职业晋升的概率更高；另一方面，个人户口级别对职业晋升机会获得的影响方向发生了逆转，表现为户口级别较低者在这一时期获得的晋升机会更多。1993年后，随着中国市场经济的快速发展，社会开始进入快速转型时期，户籍制度对个人职业晋升机会获得的影响从整体上看已经减弱。但是，户口的结构性作用似乎依然存在，户口等级制现象以及父母户口迁移经历的影响较为显著（陆益龙，2008）。

高勇认为，当代中国的代际流动不是发生在坚实而稳固的社会结构之上，而是表现为"双重流动"：不仅人在社会樊篱间流动，樊篱本身的位置也发生流动，而且改革以来中国代际流动的社会樊篱布局已经发生了重要的改变。研究者通过对"中国社会变迁调查"（2005）数据分析发现，中国基于权力、经济资本或知识资本的继承效应的社会流动樊篱始终都较为稳固地存在着，尽管在1979~1990年其致密程度曾经略有下降；但与此同时，另一类樊篱显现了出来，那就是在精英认同基础上等级效应的社会流动樊篱（高勇，2009）。

李骏、顾燕峰基于上海市2005年1%人口抽样调查数据发现，户口类别和户口所在地两种属性对个体的就业结果都有影响：虽然部门进入、职业获得和收入不平等的模式确实体现出了城乡户籍群体之间的差异，但本地居民与外地移民所受到的

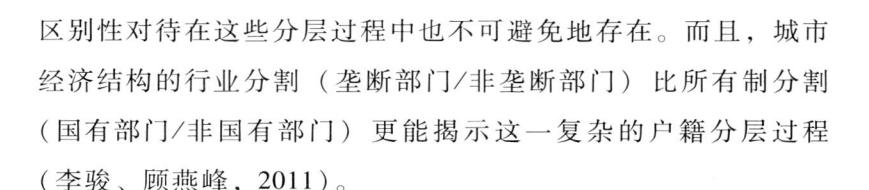

区别性对待在这些分层过程中也不可避免地存在。而且，城市经济结构的行业分割（垄断部门/非垄断部门）比所有制分割（国有部门/非国有部门）更能揭示这一复杂的户籍分层过程（李骏、顾燕峰，2011）。

（5）对地位获得的研究

从社会流动视角来看，从学校到工作是个人地位获得研究的重要环节之一。不同于以往仅关注现职地位获得与教育获得的做法，近年来研究者开始关注个人初职地位获得的影响因素及其历时性变化，但目前此方面的研究均局限于对影响因素变化的分析，缺乏对其背后的影响机制的进一步探析。

李煜通过 CGSS 2003 数据分析了"文革"后三个时期城镇家庭背景对子女初职获得的影响及变迁。研究发现，不同家庭背景的子女在相同的教育情况下，职业地位的获得仍然存在显著差异；在"文革"以后，非体力阶层家庭后代的优势表现为"跳级"和"保底"效应（李煜，2007）。但是，该文在家庭背景分类、教育层次分层上都比较粗糙，所得结论有待进一步资料的验证；也没有讨论学校及专业类别（如普通教育、职业教育，文科、理工科）、教育体系内部的分化（名校还是普通学校等）对就业影响的差异。

郝大海、王卫东对 1949 年以来中国城镇居民的工作获得过程进行了历时性分析，并运用韦伯有关现代社会"理性化"进程的理论来解释"文革"中后期社会结构变动与改革以来经济制度变迁对就业机会影响的内在关联性。研究发现，在"文革"中后期，父亲单位地位的高低就已经十分显著地影响到子女是否能进入一个较好的工作单位；而市场转型以来，女性就业者相对于男性承受了更大的市场竞争压力（郝大海、王卫东，2009）。然而，该研究所采用的理性化理论并没有得到十分清晰的阐释。

孙明（2011）以一般资本理论和制度分析为理论框架，采用 CGSS2008 数据分析了改革前后家庭背景影响子代干部地位获得的机制。研究发现，改革前后家庭背景始终对子代的干部地位获得产生影响，父代总是将自己占有的优势资本转化为子代所需要的资本类型，导致子代干部地位获得机会不平等。具体而言，在干部"逆向选拔"的制度安排下，军人子弟凭借良好的家庭出身和入党的优势最有可能成为干部；改革后干部录用制度向"绩效选拔"转变，干部、知识分子的后代通过入党、升学这两个中间机制也在干部选拔中占优势，尤其是中高层干部存在明显的地位再生产。

王学龙和袁易明（2015）基于 1989~2011 年的中国健康与营养调查（China Health and Nutrition Survey，CHNS）数据比较了不同世代的中国城镇居民社会流动性的变化情况。研究发现，社会流动性在"60 后"、"70 后"与"80 后"组间呈现先降后升的趋势，即"60 后"社会流动性最高，"70 后"社会流动性最低，"80 后"社会流动性居中。

李路路、朱斌（2015）的《当代中国的代际流动模式及其变迁》一文可谓对当代中国代际流动的总体性检验。该文整合 CGSS 2003 年、2006 年、2008 年三年的数据，通过"体制排斥"和"市场排斥"两个概念工具，分析了当代中国社会变迁与社会转型过程中职业阶层代际流动模式及其流动机制的演变。研究发现近 60 年来我国总体社会流动率逐步提升，社会开放性呈波浪式变化，但代际继承在各个时期始终是社会流动的主导模式，基本上支持了国际的 FJH 假设。

三 劳动力市场分割与社会流动关系研究

劳动力市场是劳动经济学的核心研究领域。不同时期的经济学家，根据自身所处的客观历史经济环境，对劳动力市场基本性质，即"劳动力市场是完全竞争性的还是非竞争性的"所持的不同看法，形成了劳动经济学的不同流派。

最初以亚当·斯密、大卫·李嘉图为代表的古典经济学家认为，劳动力市场是统一的、完全竞争的；工资具有无限的弹性，可以自由调节劳动力的供求；劳动力可以自由流动，市场机制可以实现就业的自动均衡。

随后，新古典经济学派对劳动力市场的认识做出了重要推进。他们认为劳动力市场具有的某些特殊属性，比如地理的、生物的因素，特别是年龄、性别等因素会导致劳动投入要素之间不能完全替代，而使劳动力市场存在某种程度的分割。但即便如此，他们依然认为这些因素的影响受到市场竞争的严格控制，分析产品市场和其他要素市场的理论模型也同样适用于劳动力市场。

然而，随着经济学家对劳动力市场的研究不断深入，研究者越来越认识到劳动力市场远非统一的和完全竞争的，劳动者既不像古典经济学假定的那样可以完全自由地进出劳动力市场，同时新古典经济学对劳动者的同质性假设亦无法解释同质工人之间存在的报酬差别、贫困、失业和歧视现象。

在对新古典经济学理论的批判中，最有影响的是制度学派。制度学派的研究者认为，制度性因素以及社会性因素会分割劳动力市场，从而形成非竞争群体，阻碍劳动力从一个部门向另一个部门的自由流动。因此，市场性因素在决定工资和劳动力资源配置方面的作用和效率远远不像新古典学派认为的那么理想①。劳动力市场分割（Labor Market Segmentation，LMS）理论作为制度学派的代表理论，正是在与新古典学派的争论中产生和发展起来的。

在本节中，笔者首先简要回顾国外和国内有关劳动力市场分割的研究；接着回顾引入劳动力市场分割理论来分析个体的社会流动的相关研究。

1. 国外劳动力市场分割的相关研究

劳动力市场分割理论产生于20世纪60年代末70年代初。该理论实际上是对劳动力市场的非竞争性的一种表述，即"由于政治、经济等外在的制度因素或者经济内生因素的制约，劳动力市场划分为两个或多个具有不同特征和不同运行规则的领域（Segment），不同领域在工资决定机制、工作稳定性、劳动者获得提升的机会等方面有明显的区别，而且劳动者很难在不同的市场之间流动"（徐林清，2006：4）。从20世纪70年代初至今，国外劳动力市场分割理论主要经历了以下两个阶段。

（1）劳动力市场分割理论的提出（20世纪70年代初至70年代末）

在这一时期，国外对劳动力市场分割的研究主要形成如下

---

① 劳动经济学将影响劳动力市场运行的因素大体分为三类：市场性因素、制度性因素和社会性因素。其中，市场性因素是指劳动力市场中影响工资、就业决定及劳动力配置的供求力量，在市场经济条件下主要是指供求机制、竞争机制和价格机制；制度性因素是指政府及大型企业等各类组织对工资和劳动力配置的影响，如企业的人事管理政策、政府相关法规等；社会性因素是指社会群体以及社会规范在工资决定及劳动力配置过程中所发挥的影响，如家庭背景、所属阶层、文化、歧视和习俗等。在这三类因素中，哪一类因素起到了主导作用，以及这些因素产生了何种特定的劳动力市场运行结果，在劳动经济学的思想史上形成了两大流派——新古典学派与制度学派。参见晋利珍（2010）。

几种理论观点。

一是"二元劳动力市场理论"(Dual Labor Market Theory)(Doeringer and Piore, 1971)。Doeringer 和 Piore 对波士顿的低工资群体进行了研究,他们发现很难用人力资本理论来说明那些高工资群体和低工资群体及失业者之间的区别。因此,他们根据工资决定、福利和升迁机制等的不同特点,将劳动力市场划分为主要(Primary)劳动力市场和次要(Secondary)劳动力市场(或称为"一级劳动力市场"和"二级劳动力市场")。他们认为两个市场遵循不同的运行机制:在主要劳动力市场上,工人工资高,工作条件优越,就业稳定,并具有接受培训和升迁的机会;次要劳动力市场的工人则工资水平低,工作条件差,就业不稳定,且缺乏升迁机会。而且,两个市场之间的流动性十分有限。他们认为进入这两个不同市场的决定因素往往并不是个人的劳动技能与生产能力,而是与其他社会结构和制度特征高度相关。只有在厘清市场结构特征之后,个人特征才能够显现出对收入分配的影响。二元结构劳动力市场模型正是早期劳动力市场分割理论的典型代表。随后,Piore(1975)进一步将主要劳动力市场细分为高层主要劳动力市场(Upper-tier Primary Labor Market)与低层主要劳动力市场(Lower-tier Primary Labor Market),并与次要劳动力市场形成三元劳动力市场分割状况[①]。

二是"职业竞争理论"(Thurow and Lucas, 1972)。该理

---

① Kalleberg 和 Seronsen(1979)提供了一个有关 20 世纪 60、70 年代社会分层、职业社会学、工业社会学以及社会学内部的组织研究和劳动经济学诸领域针对劳动力市场的经验和理论研究的评述。对劳动力市场结构与个体社会经济地位获得之间的关系、二元劳动力市场理论等都进行了论述。

论认为，由于信息不对称，雇主在雇用工人时并不能准确知道职业申请者将来的表现如何，同时又假定工人的专门技能是在工作中学会的。因此，雇主只能借助个人的教育来判断工人的未来表现。教育并不像人力资本理论所说的具有提高生产的作用，而是作为一种"信号"，对雇主雇用工人行为起着"过滤器"的作用。

还有一种理论观点可称为"激进的劳动力市场分割理论"（Reich，Gordon and Edwards，1973）。该理论学派的特点是秉承马克思主义的分析方法，并强调制度和历史分析，将劳动力市场的分割看成垄断资本主义发展和阶级斗争的产物。正如Reich、Gordon和Edwards（1973）所说，资产阶级采用了劳动力市场分割的方式以分裂工人群体，利用建立内部劳动力市场的方式稳定高素质工人群体，从而防止工人阶级力量的过分膨胀，达到可以始终稳定控制生产的目的。

但总体而言，这一时期的劳动力市场分割理论存在逻辑不严密、缺乏足够的实证检验等缺陷，因此招致其他理论学派的批评。

首先，在三大劳动力市场分割理论中，尽管二元劳动力市场理论的影响最大，但这一概念本身是描述性的，而非解释性的。同时，各个国家劳动力市场分割的界限和形成原因存在很大差别，这种二元结构之间的界限也很难划分，使二元劳动力市场分割理论并不能直接适用于分析不同国家的劳动力市场。其次，职业竞争理论将教育仅视为一种"信号"，其实是将教育的形式和功能单一化了。再次，激进的劳动力市场分割理论具有明显的阶级分析性质，它将资本方和劳动方对立起来，并将劳动力分割的原因归于资本方的一种有意培养。在绝大多数阶级对立不明显的社会里，这一理论的解释力就相当微弱（晋利珍，2010：25~26）。

以上诸方面的不足使劳动力市场分割理论在一段时间内处于不受重视的状态。

（2）劳动力市场分割理论的二次兴盛（20 世纪 80 年代中后期至今）

20 世纪 80 年代中后期，随着经济学领域对不完全信息理论（Imperfect Information Theory）的热衷和计量经济学的发展，劳动力市场分割理论才重新赢得主流经济学的关注（Dickens and Lang，1988b）。

Dickens 和 Lang（1985，1988a）的两篇经典文章代表着劳动力市场分割理论的复兴。他们使用收入调查的面板数据，发现在男性劳动力市场中存在二元分割，同时还存在非经济壁垒阻碍劳动力从次要（二级）劳动力市场到主要（一级）劳动力市场的流动。这一时期的研究在以下两方面取得了较大突破。

第一，对劳动力市场"二元性"的重新解释。一些研究者认为二元劳动力市场模型是不可检验的（Heckman and Hotz，1986），因为相比可进行显著性检验的一元劳动力市场模型，它只能提供一个过于粗糙的工资分布模型（Heckman and Sedlacek，1985）。因此，劳动力市场分割理论受到的首要挑战就是，在劳动力市场存在失业的情况下，为何主要（一级）劳动力市场仍然维持高工资。而 20 世纪 80 年代以后出现的不完全信息理论、效率工资（Efficiency Wage）理论和委托-代理理论的出现，对这一问题做了充分的解释。

第二，对内部劳动力市场理论进行了重要拓展。劳动力市场分割理论受到新古典经济学的质疑,即内部劳动力市场与外部市场竞争的相对隔离是否导致其丧失效率基础? 20 世纪 70 年代末以来,Akerlof、Becker 等人运用以非对称信息、交易费用等概念为基础的新的契约经济学思想,来集中探讨内部劳动力市场的经济理性——效率基础,由此形成了一系列新的理论解释(晋利珍,2010:29~30)。

研究者对劳动力市场的二元性及内部劳动力市场的效率基础做出的理论突破,标志着劳动力市场分割理论的成熟,也标志着它与主流经济学的融合。近 20 年来,更多研究者对各国不同形式的劳动力市场分割状况进行了实证研究,包括非正式部门与正式部门的分割(Mark and Luc,1996),在部门分割条件下的种族、性别和工作场所对就业量与工资的影响(Reid and Rubin,2003)。近年来,发达国家对劳动力市场分割的研究已不仅仅局限于分割的形式和维度,而且逐步深入劳动力市场分割对劳动力市场运行的影响方面。

2. 国内劳动力市场分割的相关研究

国内对劳动力市场分割的研究主要集中于 20 世纪 90 年代以后。讨论的核心是:随着经济体制改革和劳动体制改革导致的劳动力市场逐步发育和形成过程中,中国改革之前劳动力市场的城乡分割是否继续存在?是否出现了新的劳动力市场分割?这些劳动力市场分割的特征和成因是什么?按照研究主题的发展,我们可以将其大致分为两个阶段。

(1)劳动力市场的城乡分割(20 世纪 90 年代至 21 世纪初)

研究者讨论由户籍制度导致的劳动力市场城乡分割在改革以后是否会继续存在。

赖德胜（1996）认为，改革使内部劳动力市场的边缘逐渐松动，但这并不意味着劳动力市场制度性分割的消失，而是分割的表现形态发生了变化，即由城市劳动力市场和农村劳动力市场的分割演变为体制内劳动力市场与体制外劳动力市场的分割，同时后者又进一步划分为城市体制外劳动力市场和农村劳动力市场。

蔡昉（1998）提出，经济体制改革以后，在随着整体经济部门结构和就业结构发生变化，劳动力需求和供给模式都发生某种变化的条件下，传统的就业体制已经不能满足劳动力配置新的需求了。因此，在城市形成了并行的两个劳动力市场。传统发展经济学所面对的城乡之间劳动力市场的二元化，在这里转变为城市劳动力市场的二元化。

蔡昉、都阳和王美艳（2001）进一步分析了改革后户籍制度得以维系的制度原因，并论证了改革以来劳动力市场的城乡分割是受到城市利益集团的影响而得以维持的。

李建民（2002）也指出，在户籍制度改革的背景下，尽管农村劳动力可以在部门之间或城乡之间流动，却无法进入特定的劳动力市场。因此，中国劳动力市场分割呈现多重分割现象，首先是城市和农村劳动力市场的一级分割；其次是在城市和农村劳动力市场内部，都存在非正式部门劳动力市场和正式部门劳动力市场的二级分割。同时，农村劳动力市场和城市非正式部门劳动力市场共同构成从属劳动力市场，只有城市正式部门劳动力市场才属于正规劳动力市场。他认为，当前以及未来对中国劳动力就业和经济增长影响最为深刻的是正规劳动力市场与从属劳动力市场的分割。

Knight 等人的系列研究也表明，自 20 世纪 90 年代以来，中国城市劳动力市场中由户籍制度导致的城市劳动力和农村劳动力之间的分割依然存在，但二者之间的竞争也在不断加强（Knight and Song，2005；Knight and Yueh，2009）。

总之，这些研究都认为，改革以来户籍制度已经逐渐松动，它已不再是导致城乡劳动力市场分割的主要因素，但是由于中国存在城乡二元经济结构，城乡劳动力市场尚存在一定程度的分割。

（2）劳动力市场的多层分割（21世纪初以来）

除了对中国劳动力市场城乡分割的讨论外，研究者还结合我国渐进改革战略，以及劳动力市场的逐渐发育过程，考察了我国劳动力市场在不同地区之间、部门之间、产业之间、行业之间以及职业之间存在的多层分割现象。

朱镜德（1999，2001）把现阶段中国的劳动力市场划分为城市不完全竞争劳动力市场（主要是党政机关、国有集体企业的正式职工）、城市完全竞争劳动力市场（主要指非国有集体企业的职工、非农户口的临时工、自谋职业者）和农村完全竞争劳动力市场（农民工、农民）。三者在劳动力市场开放度、工资福利水平和工作稳定性上都存在明显差异。

张展新（2004）认为，20世纪90年代以来，我国劳动力市场出现了一些重要变化。一方面，城乡分割和部门分割在逐渐弱化；另一方面，城市劳动力市场出现了产业分割，即限制非国有经济进入，主要由国有单位经营收入水平较高的产业，同时排斥外来劳动力，包括流动中的国有部门职工。这种产业分割的产生并不完全依赖于传统的国家计划和再分配制度安排，而是与市场经济条件下的政府垄断相联系。同时，产业分割会造成不同劳动群体进入垄断行业机会的差别，派生出不平等结构。他利用第五次全国人口普查抽样数据所做的 Logistic 回归分析结果证实了不同劳动群体进入收入相对丰厚的国家垄断产业就业机会的差异,由此提出从劳动力市场的产业分割视角来研究劳动力市场和社会不平等结构的重要意义。

聂盛(2004)对我国改革开放以来的劳动力市场分割进行了全面分析,认为我国劳动力市场中存在所有制分割与行业分割。而且,从20世纪90年代中期以来,劳动力市场中所有制分割向行业分割演化,这一演化过程是经济转轨过程中的特有现象,也是我国经济改革不断深入、市场力量日趋强大的过程。

郭丛斌、丁小浩(2004)利用国家统计局城市社会经济调查总队2000年的全国城镇住户调查数据,根据社会经济地位指数,将劳动力市场划分为主要和次要劳动力市场,并分别统计其工作特征,计算其明瑟收入函数。研究表明,中国存在职业代际流动效应所导致的二元劳动力市场分割;随着地区经济发展水平的提高,劳动力市场分割程度逐渐减弱。同时,他们发现教育,尤其是高等教育对子女跨越职业的代际效应具有较大的推动作用。

蔡昉、都阳、王美艳(2005)从劳动力市场竞争性的影响因素角度,概括了四种劳动力市场分割形式,包括城乡分割、地区分割、性别分割,以及所有制分割和行业垄断,并通过具体的实证分析进行了验证。

刘精明(2006a)结合具体的改革进程,从新结构主义视角探讨了劳动力市场的部门分割及其结构特征的变化,并以此解释了不同部门中人力资本收益模式发生变化的原因。在刘精明看来,"再分配-市场"是中国转型时期的社会分析经常采用的研究框架。但在经历了 20 多年的市场经济改革后，一种完全意义上的再分配经济体制已经不存在了。那种将国家、集体所有的经济部门以及党政机关、事业单位等公共部门视为与市场对立的"再分配"体制的分析框架，已不能完全适用于对中国现实的分析。因此，他把公共部门与经济部门的区分、国家力量对劳动力市场的作用和劳动力的雇佣方式作为部门分类的三个主要的结构特征，将劳动力市场划分为 7 个具体的部门。同时，他认为是国家规制性力量的作用、市场制度中的绩效原则以及与原有制度的路径依赖关系，共同决定了当前劳动力市场上的人力资本回报差异的基本格局。1996 年、2003 年两次全国性社会调查数据的分析证实了上述观点，即各部门人力资本收益率的变化并不与市场化方向相一致，而是呈现诸多社会转型期的非常态特征。人力资本收益率并非纯粹的市场化程度指标，它的变化还深刻地反映了转型期群体间利益关系的变化和重构。

晋利珍（2008，2009，2010）结合中国经济体制改革的进程，对中国劳动力市场分割的形式和原因进行了动态考察。她认为，随着市场化的推进，在当前以及未来对中国劳动力就业和经济增长影响最为深刻的就是垄断所形成的劳动力市场行业分割，以及在此框架下主要市场与次要市场的二元分割，形成所谓"劳动力市场双重二元分割"结构。

总之，经济体制改革使中国劳动力市场的分割状况发生了十分明显的变化。中国的劳动力市场既具有发展中国家剩余劳动型经济的一般特征，也具有许多中国特色的因素，这突出表现为中国的劳动力市场发育还不成熟，正处于新旧两种体制转轨的过程中；劳动力市场分割的原因和表现形式都非常复杂，不仅存在由产业结构、技术进步等带来的市场性分割，更为本质的是存在"制度性分割"[①]。相比国外研究，国内的研究主要集中于对我国劳动力市场分割状态的考察和描述，而有关劳动力市场分割对市场运行所产生的后果的研究出现较晚，同时研究成果较少。

3. 国内劳动力市场分割与社会流动关系研究

劳动力市场分割理论对研究中国劳动力市场问题提供了有意义的理论框架和分析思路。因为它突破了传统经济学对劳动力市场是统一的、完全竞争性的假设，以及仅关注市场性因素的局限，将制度性因素和社会性因素纳入分析框架，从一个新的视角去考察劳动力市场对市场运行所产生的各种后果，使我们对劳动力结构性短缺和过剩、人力资本积累激励缺乏、工资性收入差距以及劳动力流动障碍等问题有了更深的认识。

在社会学领域，研究者更加关注劳动力市场的分割性对个体社会流动的影响。因为劳动力市场的分割性会对个体的社会流动形成障碍，使阶层之间的结构壁垒效应增强，社会趋于封闭而非开放，从而影响整个社会的公平和稳定。

由于我国劳动力市场分割形式和程度主要受宏观经济体制及相应制度安排的影响，因此依循上文的划分方式，我们同样

---

① 一些文献中使用劳动力市场的"制度性分割"，而另一些文献则使用"体制性分割"。有研究者认为，"制度性分割"容易与制度经济学中对制度的定义相混淆。因为制度经济学对制度的定义是十分宽泛的，既包括政治制度、经济制度、法律条文等正式的规则，也包括诸如社会习俗、行为习惯等非正式的规则。而"体制性分割"是指在特定的经济体制背景下劳动力市场被人为分割的状况，以及政府为了特定目的限制部分劳动者进入特定市场的情况。有研究者认为，相比而言，制度性分割（如一级与二级市场、内部与外部市场等）更侧重从劳动力市场分割的结果进行分类；体制性分割则更侧重从劳动力市场分割的原因进行分类（徐林清，2006：31~32）。但是，就目前而言，学界还没有形成统一的概念和界定标准。

可将劳动力市场分割和社会流动关系的研究分为以下两个阶段。

（1）计划经济下的劳动力市场分割与社会流动研究

20世纪90年代初，一些研究者首先提出，西方劳动力市场分割理论可以用于分析社会主义计划经济体制下的组织和劳动力结构。因为分割是一种"与所有复杂社会和所有政治经济形态相关联的普遍现象"（Lin and Bian，1991：658），组织之间依据接受中央政府直接控制的程度（如组织的所有制性质和行政级别），被分割成不同的部门（Lin and Bian，1991；Bian，1994）。

首先，从所有制形式来看，中国经济在改革开放前主要由国有和集体所有两大部分组成，其中国有经济被看作社会主义经济的核心力量，而集体经济则被看作国有经济的补充[①]。因此，国有经济在计划经济体制中占据中心地位，与其他所有制企业相比，国有企业受到国家的直接控制以及全面保护，在获取各种资源方面享有更多的特权。一方面，国家通过经济计划严格控制国有企业的生产和管理，保证它们的原材料和资金供应；另一方面，国有企业也不需要为自己的经营效益负责，即便经营出现了亏损，政府预算也可以帮助它们弥补亏空。可以说，改革前的计划经济体制使国有企业比非国有企业享有更多的优势和特权，二者之间存在一种分割的结构。

其次，计划经济体制下的这种所有制分割的结构也深刻影响了城市工人们的生活际遇和社会地位。依循苏联模式，我国

[①] 中华人民共和国成立之后，经济的社会主义化运动曾一度被理解为"生产资料的社会主义全民所有（国有）是唯一的经济基础"。参见刘国光、董志凯（1999）。

从社会主义政权建立初期开始，就担负着城市居民全民就业的重责，并且成功地为所有城市劳动力提供了工作。但是，由于人口基数的庞大和经济基础的薄弱，国家无力为全部人口和城市居民提供社会福利。因此，国家不仅严格控制农村人口向城市流动，还将城市劳动力划分为不同的受益群体。不同所有制部门的工人有各自明确规定的收入水平、工作年限、社会福利、劳动保险和住房规定（Walder，1986）。因此，工人的生活际遇和社会地位在很大程度上取决于他们的企业在所有制体系中的位置（Walder，1986）。有研究发现，20世纪70年代后期，集体企业的工人收入所得仅为国有企业工人的75%（Whyte and Parish，1984）。工人的工作转换虽然很少见，但通常是向上流动或水平流动，即从集体企业转换到国有企业，或者是在国有企业内部调动（Lin and Bian，1991；Davis，1992；Bian，1994）。

（2）转型经济下的劳动力市场分割与社会流动研究

由于中国的劳动力市场分割主要是由制度性因素造成的，因而它也被预期随着制度的变迁而变化。因此，在社会主义经济转型背景下，研究者们关注的核心问题是：中国劳动力市场分割结构如何影响了个体的社会流动，从而造成了整体社会结构的变动？

已有研究发现，原有的劳动力市场分割在改革以后也依然存在。如国有部门依然拥有一定的优势地位，并且这种地位依然在一定程度上决定着工人的命运（Bian and Logan，1996；Zhou，Tuma and Moen，1997）。但是，20世纪90年代中期以后，国家实施了两项针对国有企业的改革政策，一是允许国有企业破产、出售和关闭，以加速其市场化进程；二是给予国有企业更大的经营自主权,允许其让大量的富余劳动力下岗①。这两项政策强化了城市劳动力结构和社会福利体系的变迁。

Zang(2002)认为市场转型理论并不能解释收入获得方程中的所有变量,他结合劳动力市场分割和市场转型理论及其争论的相关文献,认为国有部门和私有部门分别代表两种不同的分配方式,即国有部门遵循再分配原则,而私有部门遵循市场导向原则,因此对于两个部门的劳动者,政治资本和人力资本发挥着不同的作用。

谢桂华(2008)综合市场转型理论和劳动力市场分割理论,集中探讨了市场转型和劳动力市场分割结构是如何影响国有企业下岗工人再就业的工作获得和收入回报的。一方面,他的研究并未发现市场转型理论所预期的结果,即政治资本和人力资本对国有企业工人下岗的影响难分伯仲,而对工人的再就业及收入的影响却双双失效。另一方面,研究发现市场转型的确促进了原有劳动力市场分割结构的转化,如随着政府对企业干预的减少和企业市场化程度的加深,计划经济时代的所有制分割结构对工人生活的影响在逐渐减弱,基于性别的劳动力市场分割却在加强。

郭丛斌(2009)认为,劳动力市场分割理论强调不同劳动

---

① 改革以前,城市中的劳动力体系也受到计划经济体制的严格制约。其一,工人理论上是由政府劳动部门分配到工作单位的,工作单位没有用工自主权,它们既没有权力决定自己雇用多少工人,也没有权力解雇工人。其二,工人在单位间自由转换工作的现象也比较少见,即便出现工作转换,也通常是通过行政手段来加以解决。其三,工人在很大程度上都需要依靠工作单位来获得各种资源和福利。这些资源和福利包括终生就业、退休金、工伤医疗、产假和病假。一些企业还有托儿所、幼儿园、学校、诊所、医院和集体补贴等,并且提供住房(Croll,1999)。工作单位还负责开结婚证明、解决家庭纠纷,在单位成员出现违规违法行为时担任担保人等(Schurmann,1996)。

力市场之间的收入决定机制不尽相同,两级劳动力市场之间存在较大的流动障碍。代际流动研究则主要关注两代人之间的变化。事实上,代际流动可能也存在劳动力市场分割的特点,如主要劳动力市场社会成员的子女可能流向依然是主要劳动市场的职位,而次要劳动力市场社会成员的子女可能只能流向次要劳动力市场的职位,其流向主要劳动力市场的可能性较小。在此情况下,整个社会虽然也存在一定的代际流动,但这种代际流动范围的分割性实际上也掩盖了代际不公平的事实(郭丛斌,2009:79~80)。首先,他利用北京大学教育经济研究所"中国城镇居民教育与就业情况调查2004"的数据,证实了中国存在较为明显的职业和行业劳动力市场分割,同时在中国东部、中部和西部三个地区之间,职业和行业劳动力市场分割的状况随着地区经济发展水平的提高而逐渐减弱。此外,他在既有的劳动力市场分割条件下,考察了中国城镇居民在职业、行业与收入代际流动上都受到劳动力市场分割特征的影响。他还提出教育具有改善代际流动劳动力市场分割程度和促进代际流动的功能。

陈钊、陆铭、佐藤宏(2009)认为,以往对个人的行业收入差距主要有两种基本解释,一种是效率工资(Efficiency Wage)机制,即某些行业的工资更高,只是因为这些行业自愿为就业者支付高于市场出清的工资水平,以换取更高的生产效率(Chen and Edin, 2006);另一种是将其解释为劳动力市场存在的非竞争性因素导致的行业租金(Krueger and Summers, 1988),而较少从非市场力量的角度来研究劳动力市场上的行业进入障碍。陈钊等人将非生产率的个人特征与劳动力市场的行业进入联系起来,研究发现即使在控制了一些可能影响生产率的因素（比如教育、工龄、年龄、性别等）之后，社会关系、父亲的教育和政治身份，以及城镇户籍等一些非市场力量也显著影响了劳动者的行业进入。

王甫勤（2010）同时考虑人力资本和劳动力市场结构，以及两者之间的交互效应，提出一个影响收入分配的基本模型。他用 CGSS 2003 数据对这一模型的检验表明，人力资本是决定收入分配的主要因素，但市场部门对劳动力的分割所产生的影响也不可忽视；人力资本和市场部门之间存在交互作用，人力资本越多的劳动力越容易进入国有部门（垄断或非垄断）；同时，国有部门也能为内部劳动力提供更多的提升人力资本的机会。

李培林、田丰（2010）认为，尽管中国劳动力市场化程度已经有了很大幅度的提高，却依然处于多重分割状态。人力资本在劳动力市场上的作用，仍然受到一些制度性因素的限制甚至扭曲，特别是户籍、单位体制等制度因素，对劳动力市场的分割作用以及对教育收益率的影响都十分明显。综合多种影响因素分析，人力资本要素和多种制度因素共同形成了决定收入水平和经济地位获得的机制，而经济地位的获得又与户籍、社会保障、教育、医疗等社会地位决定因素紧密相连。与郭丛斌认识不同的是，李培林、田丰认为，要扭转收入差距不断扩大的趋势，不能单靠提高教育收益率和增进教育机会的公平，必须从制度因素入手，加大调整收入分配的力度。

吴愈晓（2011）将人力资本因素、职业流动和经济地位获得放在同一个分析框架中进行检视，来考察影响个人经济地位获得的因素。他的研究发现，高学历劳动者与低学历劳动者群体处于两个分割的劳动力市场中，他们的经济地位获得路径完全不同。对于低学历劳动者,职业流动是提升他们收入水平的最重要因素,而人力资本因素(受教育年限和工作经验)对他们的收入没有影响。高学历劳动者的情况刚好相反,职业流动对收入获得没有任何作用,影响他们收入分层的最重要因素是人力资本。这项研究的意义在于从人力资本(教育)角度去描述和划分中国城市劳动力市场的分割状态,由此发现两种不同的地位获得机制(人力资本机制和职位竞争机制)在转型期中国城市劳动力市场中是并存的,只不过它们分别适用于不同的劳动力市场或劳动者群体。

四 文献评述

上文对国外代际流动相关研究、中国代际流动相关研究以及劳动力市场分割与社会流动的关系研究进行了文献回顾,这些研究为我们进一步分析中国在改革之后劳动力市场分割对代际流动的影响提供了重要的理论基础。

首先,这一时期对中国社会的结构特征的认识主要集中在"市场转型"与"现代化转型"的讨论上。在20世纪80年代到21世纪初,研究者对市场化的理解不同,发展出"市场转型论"、"产权变形论"和"政经双变论"三种观点①。但这些研究几乎都将中国的社会转型过程归结为从计划经济体制向以市场化为主导的经济体制转型,而忽略了中国还经历着从初级

---

① 第一种认为市场化是资源配置机制的变更,是由再分配变为市场机制的过程,简称"市场转型论"。第二种认为市场化的本质是经济产权及其安排的变化,是由国家产权变为地方、组织或个人产权形式的过程,简称"产权变形论"。第三种认为市场化不仅是经济机制、经济产权的变化,更重要的是经济和政治的相互影响和协调的过程,简称"政经双变论"(边燕杰、张展新,2002)。

工业化社会向成熟工业化社会和中等发达国家的现代化转型。后来的研究者指出："中国的市场化既是一个体制转轨过程，也是一个结构演化过程，市场化过程中内含着现代化要求。另一方面，随着社会形势的发展，计划经济体制已经越来越不适应现代化的要求，而必须向市场经济体制转轨。从此意义上说，现代化也内在地要求市场化。"（郑杭生等，2004：37~41）同时，市场化和现代化是一种相互依赖和强化关系，"无论是市场转型，还是现代化转型，在本质上都是在影响劳动力市场，都是导致（劳动力）市场结构发生迅速变迁：职业的分布变化，职业在初级劳动力部门和次级劳动力部门的变化，职业在不同所有制部门的变化等"（梁玉成，2007a：98~99）。

其次，20世纪90年代末以来，研究者试图考虑将市场机制和国家规制的双重作用都纳入分析框架。早期的市场转型理论十分强调市场化改革对社会分层结构的决定性影响。随着研究的深入，研究者逐渐认识到国家社会主义的转型包括多个不同层面的进程，市场扩张只是其中非常重要的一个层面。这些转型不可避免地造成了许多不囿于单一理论逻辑的变迁模式，这存在理论综合的空间（Szelenyi and Kostello，1996）。对中国的研究也发现，中国的市场化改革基本上是一个政府主导的渐进式改革，是在保持意识形态和政治体制的稳定性、连续性的前提下进行的。这决定了政府的意识形态偏好以及由此而来的政策选择在社会转型过程中扮演着举足轻重的角色，即政治和市场二者是"同进化"（Coevolution）的，政治在塑造经济制度上具有重要作用（Zhou，2000）。后来的研究者更明确地指出，尽管市场化是改革以来中国社会变迁中的一个重要过程，但它不是孤立的和"无所不能"的社会变迁力量，市场经济对社会过程、社会阶层结构和分层机制的影响，还较大程度地依赖于社会内部的政治过程、社会阶层力量之间的关系模式，以及国家力量的作用。国家在主导市场化改革过程中对社会生活、社会分层机制所产生的规制性影响，往往超出市场本身的作用范围，这可称为"国家规制说"[①]。因此，市场效应和国家规制是影响中国社会分层结构变化和社会流动的双重力量。要深入探讨改革进程中的国家、市场和社会阶层三者之间相互作用、相互影响的具体方式，就需要结合具体的改革事件来分析。

正如前文所言，研究者们对于转型时期的我国社会代际流动问题，从不同视角、不同侧重点采取不同的研究方法，取得了一系列有建树的研究成果。但是已有的研究仍然存在以下几个方面的问题。

首先，代际流动基本状况和趋势的研究在中国还相对薄弱，已有代际流动研究的解释逻辑需要进一步检验。一方面，原有市场经济下（工业化-功能主义解释逻辑或制度主义解释逻辑）或国家社会主义计划经济下（单位制解释逻辑）的解释框架都并不适用。另一方面，近年来转型经济下的解释框架（阶层再生产机制、双重流动机制）尚存争议。尽管研究者针对中国转型经济提出了阶层再生产机制和双重流动机制，但阶层再生了机制主要基于20世纪90年代末期三个城市的调查（李路路，2002，2003a，2003b；郑辉、李路路，2009）得出阶层再生产机制；而双重流动机制是研究者提出的市场化机制和阶层再生产机制共同作用的理想类型，还需要进一步的实证

[①] "国家规制"意味着市场化过程中的一种目标追求：保证社会的整体运行维持在稳定和秩序的基础上；防止社会断裂或在已出现的社会断裂处寻找新的社会融合机制（刘精明，2006b：113）。

研究加以检验和回应。

其次，已有的代际流动研究主要关注经济体制转型的阶段性（如改革前后、改革初期和改革中期）效应，而对结构性因素的影响缺乏系统、深入的考察。在劳动力市场分割与地位获得不平等这一研究领域，以往的研究主要集中在由户籍制度造成的城乡分割（李培林，1996；蔡昉等，2001；陈阿江，1997；王汉生等，1997；李强，1999）和"国有－非国有"部门分割（郑路，1999；李建民，2002；李强，2000）。事实上，经济体制改革和城镇劳动体制改革带来了劳动力的商品化和劳动力市场的发育与发展。有关劳动力市场结构变迁和分割特征对个人职业地位获得影响的系统研究尚不多见。以后的研究应更侧重讨论转型时期劳动力市场的多重分割状况与个体流动机会关系，弄清哪些分割对代际流动的影响最大，以及这些分割因素的特征和变化规律。

最后，已有的代际流动研究基本上都没有考虑行业分割所带来的影响。事实上，随着我国城市劳动力市场的逐步发育，行业收入差距日益扩大，行业可能成为考察个体职业地位的一个日益重要的指标。因此，父代的行业地位可能会对子代的职业地位获得产生一定的影响，需要进一步的实证研究加以检验。

这些都为代际流动研究留下了可探索的广阔空间，也为本书的研究内容、思路以及研究方法提供了启发。

第二节 研究设计

一 理论框架

本书的研究目的是在经济体制改革以及劳动体制改革的背

景下,考察中国城市劳动力市场分割状况如何影响个体的职业地位获得,以反映中国城市代际流动的总体水平、影响因素和可能的影响路径,从而对以往的地位获得模型进行修正。

根据上文的文献回顾,结合相关变量和可操作化定义,可以建立一个有关劳动力市场分割与个体职业地位获得的理论框架(见图2-1)。

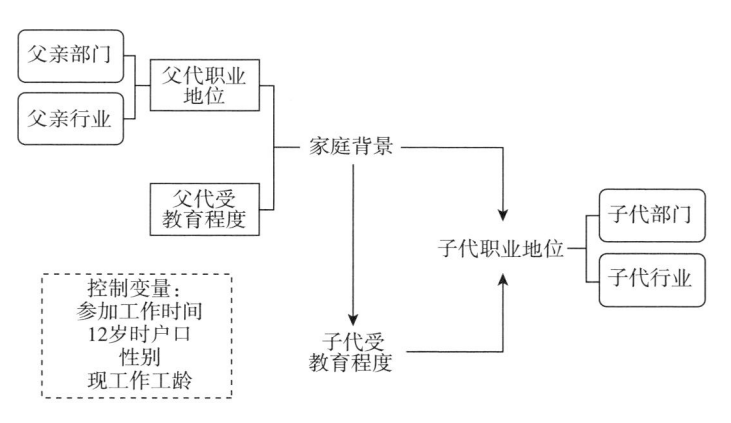

图2-1 本书的理论框架

二 分析思路、时期划分与研究假设

根据以上理论框架,本书的分析思路如图2-2所示,我们将首先结合经济体制改革与劳动体制改革的制度背景,考察转型时期中国城市劳动力市场的结构变迁过程,以及劳动力市场是否存在部门分割、行业分割和职业分割状况。如果研究结果能够证明中国城市劳动力市场存在部门分割、行业分割和职业分割,那么研究将转入探讨这些分割状况如何影响了个体的职业地位获得,包括最初部门、行业和职业的进入与目前部门、行业和职业的获得。如果研究结果能够证明劳动力市场多重分割的确影响了个体的职业地位获得,那么本研究将进一步探讨劳动力市场分割条件下的地位获得模型,从而对再生产逻辑和双重流动逻辑进行验证与回应。

```
           ┌─────────────┐
           │  劳动体制改革  │
           └──────┬──────┘
                  ↓
        ┌──────────────────┐
        │中国城市劳动力市场结构变迁过程中│
        │   是否存在侵害状况    │
        └──────────┬───────┘
     ┌────────┬────┴────┬────────┐
  ┌──────┐           ┌──────┐
  │部门分割│           │行业分割│
  └──┬───┘  ┌──────┐  └───┬──┘
     └──────│职业分割│──────┘
            └──┬───┘
               ↓
   ┌──────────────────────┐
   │各种分割状况如何影响个体的职业地位获得│
   └──────────┬───────────┘
  ┌──────┐           ┌──────┐
  │部门进入与│          │行业进入与│
  │目前部门 │          │目前行业 │
  └──┬───┘  ┌──────┐  └───┬──┘
     └──────│初职与现职│─────┘
            └──┬───┘
               ↓
     ┌────────────────────┐
     │中国城市劳动力市场多重分割条件下的│
     │     职业地位获得模型     │
     └────────────────────┘
```

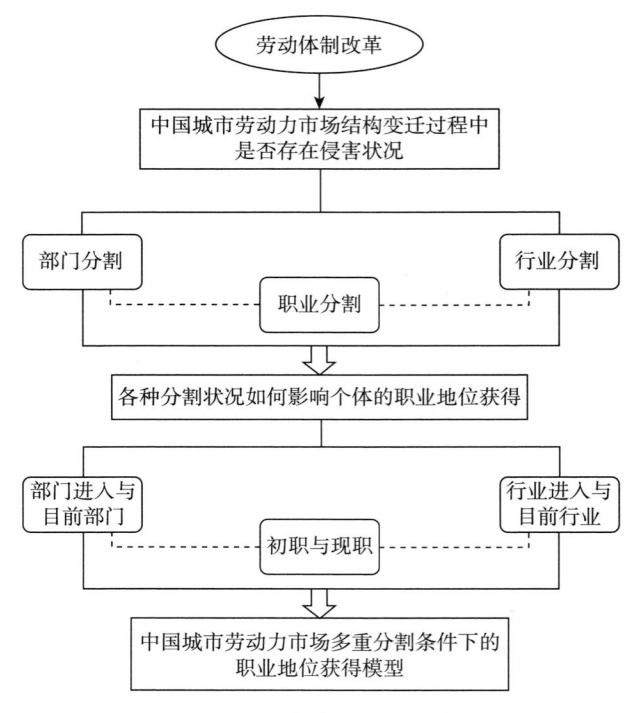

图 2-2　本书的分析思路

其次,为了更好地在制度背景下讨论城市劳动力市场不同层面的分割状况如何影响个体的职业地位获得,我们将对制度转型的过程进行阶段划分。通常有两种划分方式:一是按照市场化的渗透或扩张速度进行划分,二是按照政治政策的重大变革进行划分。但这两种划分方式在阶段的节点上实质是一致的(李路路,2003b:204)。为了更方便与以往代际流动研究进行比较,通常把1992年南方谈话看作我国启动新一轮的市场化改革的重大标志性事件。我们通过考察劳动体制改革的相关政策和城市劳动力市场结构变迁的阶段性特征,进一步确立2003

年为重要的劳动力市场结构的转折年份（详见第三章至第五章的第一部分）。

再次，在具体的分析方法上，本书将采用工作同期群分析方法来体现这种时期划分特征[①]。同期群在人口学研究中又称为"队列"，即"在特定时期经历特定事件的一群人"（Ryder, 1965；翟振武、陆磊等，1989）。如果特定事件是出生，则为出生队列（Birth Cohort），又称"出生同期群"。如果特定事件是参加工作，则为工作队列（Job Cohort），又称"工作同期群"。本书选择的同期群经历的特定事件是初职工作，因此为"工作同期群"。考虑到我国市场化的扩张速度，我们选择了3个不同的工作同期群（Job Cohort）作为研究对象（详见本书第三章第二节）。

此外，在制度转型过程的时期划分基础上，本书提出如下9个研究假设。

假设1：相比改革初期，在改革中期和深入期，父代工作部门对子代首个与目前工作部门获得的影响程度将逐渐减弱。

[①] 需要说明的是，年龄、时期和队列之间存在相互关系。三者的作用通常称为年龄效应、时期效应和队列效应。其中，年龄效应是指因所处年龄不同而造成的差异，时期效应则是因时期不同对所有年龄的人都具有的效应，而队列效应则是因为在特定的年龄处于特定的时期而造成"交互效应"。如无充足条件，很难将三种效应分解开来。当前有研究者尝试使用APC模型（Age-Period-Cohort Model）进行分解（梁玉成，2007），但该模型对数据有较高要求，要么需要外部数据信息作为时期或队列的指标，要么需要多次重复性的界面调查数据。

在单个截面调查数据基础上以队列差异反映时期差异的做法，在严格意义上仅仅适用于对不同队列在相同年龄点上的特征的比较，如对不同就业队列的初职特征进行比较（郝大海、王卫东，2009；梁玉成，2007a）。当分析的特征属于不同队列的不同年龄点时，会因年龄效应的存在而无法分解出时期效应。由于缺乏跟踪数据和合适的外部数据信息，本研究以准实验设计的方式，在分析现职特征的影响因素时仍然采用工作同期群概念。

假设2：无论在改革的哪个时期，子代的人力资本因素对子代首个与目前工作部门获得都具有重要影响。子代的受教育程度越高，越有可能进入国有部门工作。

假设3：无论在改革的哪个时期，户籍身份都依然对个体的就业发挥作用。比起幼年时为农业户口的劳动者，幼年时为非农户口的劳动者更有机会进入国有部门工作（假设1~3详见第三章）。

假设4：相比改革初期，在改革中期和深入期，父代行业对子代首个与目前行业获得的影响程度将逐渐增强。

假设5：无论在改革的哪个时期，子代的人力资本因素对子代首个与目前行业获得都具有重要影响。子代的受教育程度越高，越有可能进入高收入行业工作。

假设6：在改革中期，那些转换行业的人比没有转换行业的人，更有可能进入高收入行业（假设4~6详见第四章）。

假设7：改革以来，父代职业对子代初职获得的影响将不显著。

假设8：改革以来，子代的人力资本因素对子代的初职获得都具有重要影响。子代的受教育程度越高，越有可能从事职业地位更高的职业。

假设9：改革以来，相比父代工作部门，父代的行业对子代初职获得具有更积极的影响（假设7~9详见第五章）。

三 数据来源

本研究所使用的数据来源于北京大学中国社会科学调查中心（Institute of Social Science Survey，ISSS）执行的"中国家庭动态跟踪调查"（Chinese Family Panel Studies，CFPS）的2010

年全国性抽样调查数据。

"中国家庭动态跟踪调查"是北京大学设计并实施的一项全国性家庭跟踪调查计划，是旨在通过跟踪搜集个体、家庭、社区三个层次的数据，反映中国社会、经济、人口、教育和健康的变迁的重大社会科学项目，目标是为学术研究和政策决策提供数据①。

2010年4月至9月，北京大学中国社会科学调查中心采用内隐分层、多阶段、多层次、与人口规模成比例的概率抽样方式，首次在除了港澳台地区、新疆维吾尔自治区、青海省、内蒙古自治区、宁夏回族自治区、西藏自治区、海南省之外的25个省区市进行了调查；并于2010年11月至2011年2月对村居、家户、家庭成员三个层次的拒访和因不在受访地址发生的未访等进行补访，最终获得包括6个独立样本框在内的总计9594户家庭数据和21572份成人数据。本书所使用的是该调查数据中的成人职业模块及基本个人信息模块和父亲职业模块及基本个人信息模块的相关数据。

本书的总样本量为2834个，即选取CFPS 2010成人样本中目前居住在县级以上城市（不包括县城，但包括受访时居住在城市的流动人口），正在从事非农工作，且完整填答了个人教育、职业、收入信息的子代样本。此外，在各章具体分析中，将子代样本与父代样本匹配后，实际样本量有所不同（均为1000个样本左右）。同时，在统计分析中使用未加权的数据。

四 变量选择

本书涉及的主要变量如表2-1所示。

---

① 详情参见 http://www.isss.edu.cn。

表 2 - 1 本书所使用的变量

变量组	变量名	变量值
家庭背景	父代受教育程度	1 初中及以下（参照）； 2 高中（中专/职高/技校）及以上
	父代工作部门	1 公共部门； 2 国有集体经济部门； 3 Ⅰ类私有经济部门； 4 Ⅱ类私有经济部门（个体户、临时工等）（参照）
	父代行业	1 低收入行业； 2 中收入行业； 3 高收入行业（参照）
	父代职业	1 其他（含服务人员、体力劳动者和临时工）（参照）； 2 个体户； 3 办事人员； 4 一般技术人员； 5 管理人员
子代人力资本	子代初职/现职时受教育程度	1 高中（中专/职高/技校）及以下（参照）； 2 大专及以上
	子代 12 岁时户口	1 非农； 0 农业（参照）
	现职工作工龄	—
子代职业地位	子代首个/目前工作部门	1 公共部门； 2 国有集体经济部门； 3 Ⅰ类私有经济部门； 4 Ⅱ类私有经济部门（个体户、临时工等）（参照）
	子代首个/目前行业	1 低收入行业； 2 中收入行业； 3 高收入行业（参照）
子代职业地位	子代首个/目前职业	1 其他（含服务人员、体力劳动者和临时工）（参照）； 2 个体户； 3 办事人员； 4 一般技术人员； 5 管理人员
其他	子代参加工作年份	1 1978 ~ 1992 年； 2 1993 ~ 2002 年； 3 2003 ~ 2010 年

续表

变量组	变量名	变量值
其他	子代目前年工资收入	—
	性别	—
	年龄	—

注：由于样本量的限制和研究目的的不同，各章具体分析时对变量的具体编码方式会有所调整。

五 分析方法

本研究采用量化研究方法进行分析，采用的统计软件为 Stata/SE 12.0 和 LISREL 8.7。本研究使用的统计模型有以下三种。

第一种是对数线性模型。为了更好地分析代际部门、行业和职业流动模式，本研究采用对数线性模型，以揭示代际相对关系模式的变化特征。对于 2 * 2 简化的对数线性模型的思路如下。

首先，对于一个 R 行 C 列的流动表来说，如果 f_{ij} 表示第 i 行的第 j 列对应的单元格的观察频次，F_{ij} 表示对应单元格的期望频次，我们可以得到流动表的对数线性模型的一般形式：

$$\log[E(f_{ij})] = \log(F_{ij}) = \mu + \mu_i^R + \mu_j^C + \mu_{ij}^{RC}$$

但是，在运用对数线性模型对研究假设进行检验的过程中，饱和模型（简单记为 RCL）极少具有研究意义，因为它仅对观测频次进行了参数化。我们需要建立更为简约的模型并对比观测数据对其进行检验，依次如下。

1. 独立模型 (R,C)

在这个模型下，两个变量相互独立，二维交互参数都为零，即：

$$f_{ij} = \pi_{i+} \pi_{+j} * n$$

$$\pi_{ij} = \pi_{i+} \pi_{+j}$$

$$\log(F_{ij}) = \mu + \mu_i^R + \mu_j^C$$

如果这个模型成立，就需要进行单变量分析。

2. 准独立模型

这类模型假设 R 和 C 在非对角线单元格中相互独立，那么它就满足准独立性。使用准独立模型是为了检验表格的其余部分在控制对角线单元格之后是否满足独立性假设，即：

$$\pi_{ij} = \pi_{i+} \pi_{+j}, \ i \neq j$$

3. 准对称模型

如果将行和列的边缘效应引入，就是准对称模型。它允许边缘异质性但是限定交互参数是跨主对角线对称的，即：

$$\log F_{ij} = \mu + \mu_i + \mu_j + \mu_{ij}, \ \mu_{ij} = \mu_{ji}$$

4. 跨越模型

跨越模型假设一个分类变量的不同类别代表不同的跨越难度。行变量的两个类别间隔越远，列变量两个类别间的交互参数就越少，即：

$$F_{ij} = \tau \tau_i^R \tau_j^C v_{ij}^{RC}$$

我们使用 MLE 进行估计。具体是用 BIC 和 G^2 来检验独立模型（Odds-ratio = 1）（null model），用 likelihood ratio test 来比较替代模型和独立模型。

第二种是 Logistic 模型。为了进一步分析在不同层面的劳动力市场分割制约下，父代资源和子代资源对子代不同地位类型获得的影响，我们同时将标识子代不同地位类型的各个变量（包括子代的首个工作部门/行业/职业，或子代目前工作部门/行业/职业）均视为多个非次序类别的情况。因此，本研究采用二分 Logistic 和基线（Baseline）对比多项 Logistic 模型。

对于基线对比多项 Logistic 模型而言，是指对于包含 J 个类别（$j = 1, \cdots, J$）的结果变量（y），将第 j 个分类（$j > 1$）与基线类别进行比较，推导出第 j 个分类的基线 Logistic 模型为：

$$BL_j = \log\left[\frac{P_r(y=j)}{P_r(y=1)}\right] = \log\left(\frac{p_j}{p_1}\right), j = 2, \cdots, J$$

这里，p_j 和 p_1 表示第 j 类和第一类（以第一类为基线类别）的概率。对于包含 J 个类别的结果变量，有 $J-1$ 个非冗余的基线 Logistic。

第三种是结构方程模型。本研究用此方法来分析中国城市劳动力市场的诸分割因素对个体地位获得影响的路径。

结构方程模型综合了回归分析、路径分析和因子分析等统计方法，其主要优点体现在两个方面：一是可以同时处理多个因变量，并容许自变量和因变量含测量误差；二是不仅能研究变量之间的直接作用，还可以研究变量之间的间接作用，并通过路径图直观地显示变量之间的关系。通过结构方程模型，研究者可以构建出潜变量之间的关系，并验证这种结构关系是否合理，对本研究分析多因素对个体地位获得的影响路径非常有帮助。

结构方程模型包括测量模型和结构模型两个部分。

测量模型用于描述潜变量与指标之间的关系，其表达式为：

$$x = \Lambda_x \xi + \delta$$
$$y = \Lambda_y \eta + \varepsilon$$

其中，x 为外生潜变量的测量指标，y 为内生潜变量的测量指标，Λ_x 表示外生变量指标与外生潜变量之间的关系（因子负载），Λ_y 表示内生变量指标与内生潜变量之间的关系；ξ 为外生潜变量，η 为内生潜变量，δ 为外生潜变量测量指标 x 的误差项，ε 为内生潜变量测量指标 y 的误差项。

结构模型则描述潜变量之间的关系，其表达式为：

$$\eta = B\eta + \Gamma\xi + \zeta$$

其中，η 为内生潜变量，ξ 为外生潜变量，B 表示一些内生潜变量对其他内生潜变量的影响，Γ 表示外生潜变量对内生潜变量的影响；ζ 为结构方程的残差项，为 η 在方程中能被解释的部分。整个结构方程模型的假设为：①测量方程的误差项 δ 与 ε 的平均值都为 0；②测量方程的误差项 δ 和 ε 与内生潜变量 η、外生潜变量 ξ、结构方程误差项 ζ 之间不相关[1]。

---

[1] 结构方程模型及其假设，参见郭志刚（1999：342~344）。

第三章　部门分割下的代际流动

在传统的计划经济体制下,国家对劳动者在不同所有制部门之间流动进行全方位的严格控制,而这一控制随着我国市场经济体制改革的开展,以及劳动力市场制度的逐步建立和完善而日益削弱。

首先,20世纪70年代末以来的经济体制转型过程是渐进式的,是按照两个改革战略向前推进的,一是在传统的计划体制部门中逐步地引入市场机制,使其逐渐转化为市场引导型的经济部门;二是在传统计划体制之外发展新型的市场主导部门,改变过去的部门和企业的单一所有制结构,以创造更加充分的竞争环境(樊纲,1993)。改革的效应首先体现在不同所有制部门的结构变迁上。在中国市场经济体制转型的30多年中,不同所有制的部门无论在经济总量中的比重上,还是在从业人员的数量分布上,都发生了重大的结构性变化,这必然会对城市居民的就业和职业流动产生影响。

其次,在经济体制转型过程中,伴随经济体制改革和企业改革,中国的劳动制度改革也在一步步推进。改革开放以前实行的"统包统配"的就业制度、"铁饭碗"的固定用工制度、"大锅饭"的平均主义分配制度被逐步打破,形成了颇具中国特色的市场就业和社会保障新体系。第一，政府确立了"劳动者自主择业、市场调节就业和政府促进就业"的机制，实施积极的就业政策，建立了政府促进就业的目标责任体系。第二，劳动关系不断调整，《劳动法》和《劳动合同法》得以颁布实施，职工工资按市场机制得以调整。第三，户籍制度、社会保障和福利制度以及其他公共服务制度的改革为农村劳动力向城市的流动创造了制度环境。总体而言，中国劳动体制改革的长远目标是打破各种制度壁垒，建立劳动力市场一体化。

问题是，尽管经济体制改革和劳动体制改革进一步促进了劳动力在不同所有制部门的流动，但改革是否真正实现了劳动者在不同部门之间的自由流动？父代的部门特征对子代就业的影响是否日趋减弱？已有研究发现，即使在改革时期，我国依然存在部门分割现象（蔡昉、都阳、王美艳，2005；刘精明，2006a）。因此考察部门分割对个人地位获得的影响具有重要的理论意义。

根据本书从劳动力市场分割视角来探讨个人地位获得的研究思路，本章需要探究的问题有以下三个。

第一，从1978年至2010年，伴随我国的经济体制改革，以及随之展开的劳动体制改革，我国城市劳动力市场的部门结构是如何变迁的？

第二，在我国城市劳动力市场的部门结构变迁过程中，是否存在部门分割特征，以及这种分割特征主要体现在哪些部门之间？

第三，部门分割对个人地位获得具有多大影响？①部门的代际流动模式如何？②不同时期劳动者进入首个工作部门的影响因素是什么？③不同时期劳动者目前工作部门获得的影响因素是什么？

下文将针对以上问题进行深入的分析和讨论。

第一节　城市劳动力市场的部门分割

在中国经济体制转轨过程中，不同所有制部门结构变迁及社会影响一直是研究者普遍关注的问题。

在经济学领域，李实（1997）认为，我国城市经济中一直存在两种体制部门：一种是政府控制部门，一种是市场主导部门。这两种部门在劳动力就业和工资制定方面都存在明显的制度性差异。蔡昉（1998）提出，经济体制改革以后，随着整体经济部门结构和就业结构发生变化，在劳动力需求和供给模式都发生某种变化的条件下，传统的就业体制已经不能满足劳动力配置的新需求。于是，传统发展经济学所面对的城乡劳动力市场的二元化，转变为城市劳动力市场的二元化，即国有部门和新生部门之间的分化。

在社会学领域，有关单位体制[①]的研究也强调了不同所有制部门之间的分割特性，及其对个人地位获得的影响。研究者认为，单位体制是国家分配社会资源的组织化形式（路风，1993）；单位体制对个人的资源获得具有重要影响，因此单位体制也是一种社会分层结构，单位地位的获得是最重要的地位获得机制之一（李路路、王奋宇，1992；李路路、李汉林，1999；李汉林、渠敬东，2002；李路路，2002）。伴随中国向市场经济体制转型，单位体制也在发生重大变化。郑路

---

① 路风（1989：71）认为："单位是我国各种社会组织所普遍采取的一种组织形式，是我国政治、经济和社会体制的基础。"

(1999) 通过对 1978~1996 年中国城市劳动力从国有部门向非国有部门流动的历时性考察，发现随着市场化改革的深入，单位分割因素中行政级别因素效应在减弱，而单位类型因素的效应在显著加强。余红、刘欣 (2004) 进一步探讨了 1949~1996 年单位制对单位地位流动的作用大小及变化趋势，他们的研究支持了郑路 (1999) 的观点，即自改革以来，单位制的影响并未随着社会转型而减弱，具体表现为父母的单位特征依然显著地影响子女就业，而子女所属单位的所有制在一定程度上影响子女的职业声望。

因此，下文将结合劳动经济学的部门分割研究和社会学的单位体制研究两种视角，首先系统考察改革至今我国城市劳动力市场部门结构的变迁过程，再进一步分析这一变迁过程中是否存在部门分割特征，最后对部门结构进行划分。

一 劳动力市场部门结构的变迁

伴随市场经济体制改革，我国城市在政府控制的国有部门和集体部门之外，发展出了大量以市场为主导的私有部门，大大改变了过去部门的单一所有制结构。根据中国改革开放的阶段性特征和劳动力市场发育程度（私有部门吸纳劳动力就业人员数的增长程度），可以将中国城市劳动力市场部门结构的变迁分为三个阶段（见表 3-1 和图 3-1）[①]。

[①] 由于《中国统计年鉴》统计口径通常是汇总数据，其中"城"是指"城镇"。而本书的研究对象是居住在县以上城市（不包括县城）的居民样本，"城"是指"城市"。但由于无法从《中国统计年鉴》中将"城镇"与"城市"分开，因此此处依据"城镇"劳动力市场结构变迁数据进行阶段划分，可能存在一定偏误。

表 3-1 中国城镇分部门就业人员数（1978~2009）

单位：万人

年份	国有部门	集体部门	私有部门
1978	7451	2048	15
1980	8019	2425	81
1985	8990	3324	494
1990	10346	3549	833
1991	10664	3628	974
1992	10889	3621	1115
1993	10920	3393	1634
1994	11214	3285	2307
1995	11261	3147	2928
1996	11244	3016	3281
1997	11044	2883	3761
1998	9058	1963	4897
1999	8572	1712	5292
2000	8102	1499	5388
2001	7640	1291	5851
2002	7163	1122	6852
2003	6876	1000	7855
2004	6710	897	8845
2005	6488	810	10163
2006	6430	764	11258
2007	6424	718	12550
2008	6447	662	13596
2009	6420	618	15074

资料来源：根据《中国统计年鉴2010》整理而成。

1. 部门结构变迁的第一阶段

1978年至1991年为我国城市劳动力市场部门结构变迁的第一阶段。

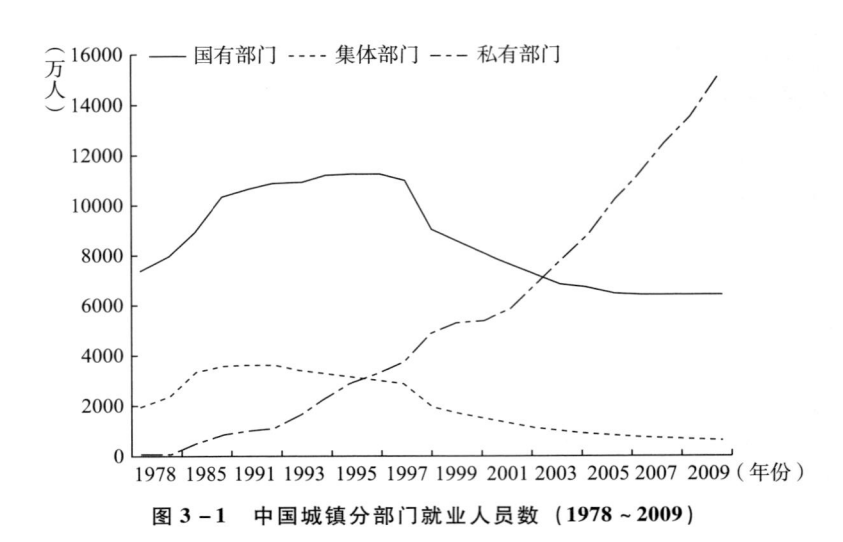

图 3-1　中国城镇分部门就业人员数（1978~2009）

1978 年改革初期，我国正值生育高峰，人口进入成年就业期，当时城市"百废待兴"的经济状况无法吸纳足够的劳动力，加上大量上山下乡知识青年返城，国家无力再承担全面就业压力，客观上要求改革计划经济时代的城市劳动就业制度。

在企业用工方面，80 年代初开始的国有企业"放权让利"式改革，逐步扩大了企业自主权。相关政策文件包括 1979 年 7 月国务院颁布的《关于扩大国营工业企业经营管理自主权的若干规定》，1982 年 1 月中共中央、国务院颁布的《关于国营工业企业进行全面整顿的决定》等（蔡昉：2008：32）。这些政策不仅扩大了国有企业的用工自主权，也使企业能根据企业效益、职工工作表现决定和调整工资水平，雇佣行为逐渐倾向于市场化，"铁饭碗"被逐渐打破。

在劳动者就业方面，从 1980 年开始，政府推行"三结合"（即在国家统筹规划和指导下，劳动部门介绍的就业、自愿组织就业以及自谋职业三者的结合）的就业模式，第一次突破了城市劳动力配置的完全计划性，私有经济开始吸纳就业，在国家计划之外的劳动力市场出现端倪（蔡昉，2008：8）。到20世纪80年代中期后，随着经济体制改革的推进，私有经济得到快速发展，城市劳动力市场开始发育起来。

根据国家统计局的数据（见表3－1和图3－1），在1978年至1991年，国有、集体部门的城镇劳动力就业人员数呈持续增长趋势，私有部门吸纳劳动力的人数也经历了从无到有、在80年代中期以后快速增长的过程。但在此阶段国有部门就业一直处于主导地位，其就业人员数量大大高于集体部门和私有部门就业人员数量，同时就业人员数量增幅也最大。

2. 部门结构变迁的第二阶段

1992年至2002年为我国城市劳动力市场部门结构变迁的第二阶段。

1992年的邓小平南方谈话后，中国政府确定了建立社会主义市场经济的改革方向，国有和集体部门进一步加大改革力度，私有部门逐渐成为经济发展的重要动力。

国有企业加快改革步伐的重要标志是1993年11月中共十四届三中全会通过的《中共中央关于建立社会主义市场经济体制若干问题的决定》，该文件提出建立现代企业制度是国有企业改革的方向。从1994年开始，国务院选择部分国有企业进行现代企业制度试点改革。但是，从90年代中期开始，随着中国经济增长速度回落到10%以下，国有和集体部门经营效率低下、亏损严重等问题明显暴露，造成了国有企业职工大范围"下岗"。《中国劳动和社会保障年鉴2006》统计，1998年至2002年为国有企业职工下岗的高峰时期，每年都有超过400

万职工下岗。从 2003 年开始，国有企业职工下岗人数才降到 200 万左右，此后每年都有所减少（中华人民共和国劳动和社会保障部，2007：554）。伴随国有、集体企业的加快改革，劳动就业制度也在逐渐朝着市场化方向发展，进一步破除了传统计划经济体制下"统包统配""高就业和低收入"的就业政策。

在企业用工方面，1992 年 7 月，国务院颁布《全民所有制工业企业转换经营机制条例》，进一步扩大了企业的用人自主权，将国有企业推入了劳动力市场。同时，某些城市政府开始尝试推广全员劳动合同制①，以消除"固定工"与"合同工"之间的身份差别，提高职工的生产积极性。

在劳动者就业方面，从 90 年代初开始，因为企业已经获得事实上的人事权，除了部分部委院校，高等院校已经很难通过计划把毕业生强加给企业。高校毕业生广泛开始"双向选择"的就业过程，虽然名义上仍然为国家统一分配，但是高端就业的劳动力市场事实上已经萌发。1993 年，国务院颁布《中国教育改革与发展纲要》，正式确立大专院校从"包学费""包分配"转到自费上学、自主择业的政策。同时，人事部于 1996 年 1 月颁布《国家不包分配大专以上毕业生择业暂行办法》，从政策上中止了国家分配制度。到 1997 年，国家对大专院校毕业生的统一分配彻底结束。

从国家统计局的相关统计数据来看（见表 3-1 和图 3-1），在 1992 年至 2002 年，私有部门吸纳劳动力的人数一直在持续增长，并在 90 年代中后期出现了大规模的调整，私

---

① 全员劳动合同制是指在国有企业内部打破干部与工人的身份界限，不论是"固定工""合同工"，还是"临时工"都签订劳动合同，统称企业职工。

有部门就业人数超过了集体部门就业人数,并在2002年达到与国有部门持平的状态。与此同时,国有部门和集体部门则呈持续下降趋势。劳动力在私有部门就业比例的持续上升,标志着城市劳动力市场的确立和走向成熟。

3. 部门结构变迁的第三阶段

2003年至2010年为我国城市劳动力市场部门结构变迁的第三阶段。经历了国有、集体企业人员大调整之后,就业制度的市场化改革趋势愈加明显。

在企业用工方面,2003年9月,劳动和社会保障部与财政部联合下发了《关于妥善处理国有企业下岗职工再就业有关问题的通知》,要求三年内实现国有企业下岗和失业并轨。到了2006年,中国不再有下岗职工,这意味着国有企业就业制度的改革已经基本实现市场化(蔡昉,2008:44、48)。

在劳动者就业方面,2008年1月开始实施的《劳动合同法》和《就业促进法》意味着劳动用工制度有了更加可靠的法律基础。

从国家统计局的相关数据来看(见表3-1和图3-1),2003年,私有部门的就业人员数首次超过国有部门的就业人员数,并在此后呈现持续快速上升的趋势,国有和集体部门的就业人数依然持续下降。

更重要的是,城镇劳动力市场在2003年以来出现一个新的转折点,即私有部门就业质量提高,表现为从2003年开始,从事个体经济的就业人员数低于私营企业的就业人员数,同时私营企业、有限责任公司、外商投资公司、股份有限公司、港澳台商投资公司的就业人员数持续快速上升(见表3-2和图3-2)。私有部门不同类型单位的就业人员数的此消彼长说明了正规就业人数正在快速增长，劳动力市场进一步发育，进入一个新的发展阶段。

表 3-2 中国城镇私有部门就业人员数（1978~2009）

单位：万人

年份	股份合作单位	联营单位	有限责任公司	股份有限公司	私营企业	港澳台商投资公司	外商投资公司	个体工商户
1978	0	0	0	0	0	0	0	15
1980	0	0	0	0	0	0	0	81
1985	0	0	0	0	0	0	6	450
1990	0	96	0	0	57	4	62	614
1991	0	49	0	0	68	69	96	692
1992	0	56	0	0	98	83	138	740
1993	0	66	0	164	186	155	133	930
1994	0	52	0	292	332	211	195	1225
1995	0	53	0	317	485	272	241	1560
1996	0	49	0	363	620	265	275	1709
1997	0	43	0	468	750	281	300	1919
1998	136	48	484	410	973	294	293	2259
1999	144	46	603	420	1053	306	306	2414
2000	155	42	687	457	1268	310	332	2136
2001	153	45	841	483	1527	326	345	2131
2002	161	45	1083	538	1999	367	391	2269
2003	173	44	1261	592	2545	409	454	2377
2004	192	44	1436	625	2994	470	563	2521
2005	188	45	1750	699	3458	557	688	2778
2006	178	45	1920	741	3954	611	796	3012
2007	170	43	2075	788	4581	680	903	3310
2008	164	43	2194	840	5124	679	943	3609
2009	160	37	2433	956	5544	721	978	4245

资料来源：根据《中国统计年鉴 2010》整理而成。

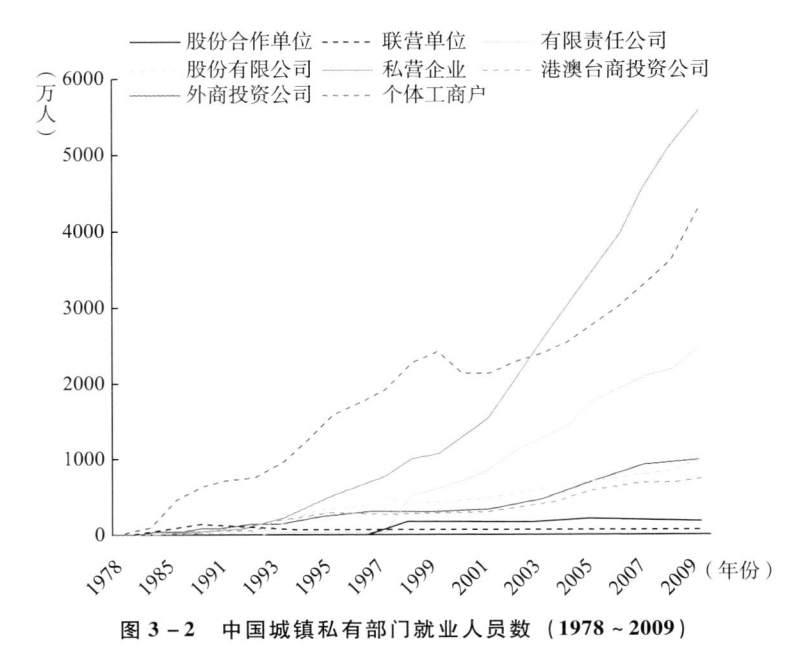

图 3-2　中国城镇私有部门就业人员数 (1978~2009)

总体而言，随着经济体制改革和劳动就业体制改革逐步深入，劳动力市场部门结构经历了三个阶段的变迁过程。同时，劳动力市场部门结构的变迁过程也反映了改革以来我国劳动力市场从发育到走向成熟的变化过程。

二　劳动力市场的部门分割特征

上文集中论述了经济体制改革和劳动就业体制改革对劳动力市场部门结构变迁的影响。由于不同劳动力市场部门的结构特征、收入分配机制都在经历不同的转型，因此部门结构、收入水平等的变化，都会导致地位获得机制的变化。但是，仅仅看到劳动力市场部门结构的变化是不够的。为了回答前面提出的研究问题，即"在我国城市劳动力市场的部门结构变迁过程中，是否存在部门分割特征，以及这种分割特征主要体现在哪些部门之间？"我们还需要对部门结构特征做进一步分析。

1. 衡量部门分割的指标

回顾有关劳动力市场分割的研究，衡量部门分割的代表性指标主要有以下两种。

一种是刘易斯有关传统经济部门与现代经济部门的划分。刘易斯（Lewis，1954）舍弃了新古典经济学劳动力不是无限供给的假设，在他以农业与工业相对立的二元经济模型中，提出城市中存在传统经济部门与现代经济部门两种劳动力市场，二者在劳动力吸纳机制上有不同的特征。从经济逻辑上看，刘易斯的二元经济模型反映的是劳动力市场的分割状态（Fields，2004）。

另一种是国际劳工组织（International Labor Organization，1972）更明确地使用正规部门和非正规部门来区分的两个城市劳动力市场。国际劳工组织还概括了城市非正规部门就业的几个特征：①容易进入或没有进入障碍；②主要依赖于本地资源；③家庭所有制或自我雇佣；④经营规模较小；⑤采用劳动密集型的适用性技术；⑥劳动技能不需要在正规学校获得；⑦较少管制或竞争比较充分。

此外，在经济学界，通常将劳动力市场分为公共部门和经济部门。公共部门以提供公共服务和公共产品为主，最典型的公共部门就是政府。而经济部门则是以营利为目的的部门。

在我国有关社会转型时期劳动力市场的分析中，早期的研究主要采用"再分配－市场"为分析框架，即把国有集体经济部门以及党政机关、事业单位视为与市场对立的部门的划分。随着市场经济改革的逐步深入，有研究者认为这种完全意义上的再分配经济体制已经不存在，"再分配-市场"的分析框架已不能完全适用于对中国现实的分析。比如，刘精明主张将公共部门与经济部门、国家力量对市场的作用、劳动力的雇佣方式作为部门划分的三个主要特征，并将劳动力市场划分为7个具体部门：①Ⅰ类公共部门——以党政机关为主；②Ⅱ类公共部门——以事业单位为主；③国有或以国有为主的经济部门；④集体或以集体为主的经济部门；⑤私有部门——包括外资、私营企业以及其他以私人资本为主的企业；⑥Ⅰ类非正式劳动力市场——以自雇佣（个体经营业主）为主；⑦Ⅱ类非正式劳动力市场——临时性劳动和服务，如个体手工业者、"棒棒军"、保姆、拾荒者等，属于典型的边缘劳动力市场（刘精明，2006a：93~94）。

2. 本书对部门的划分

结合中国劳动力市场部门结构变迁和已有研究对部门分割的划分方法，本书对部门划分如下。

首先，按照部门的制度性特征，将我国城市劳动力市场划分为国有部门和非国有部门。其次，按照国家力量对市场的影响，进一步划分为四个类型：①公共部门，包括党政机关/人民团体/军队、国有/集体事业单位/院/科研院所；②国有集体经济部门，是指国有企业/国有控股企业、集体企业；③Ⅰ类私有经济部门，包括股份合作企业/联营企业、有限责任公司/股份有限公司、私营企业、港澳台商投资企业、外商投资企业、民办非企业组织、协会/行会/基金会等社会组织、社区居委会等自治组织；④Ⅱ类私有经济部门，包括个体工商户、农村家庭经营、其他临时务工人员（见表3-3）。

表 3-3　我国城市劳动力市场的部门分类

制度性特征		具体单位类型
国有部门	公共部门	- 党政机关/人民团体/军队
		- 国有/集体事业单位/院/科研院所
	国有集体经济部门	- 国有企业/国有控股企业
		- 集体企业
非国有部门	Ⅰ类私有经济部门	- 股份合作企业/联营企业
		- 有限责任公司/股份有限公司
		- 私营企业
		- 港澳台商投资企业
		- 外商投资企业
		- 民办非企业组织
		- 协会/行会/基金会等社会组织
		- 社区居委会等自治组织
	Ⅱ类私有经济部门	- 个体工商户
		- 农村家庭经营
		- 其他临时务工人员

接下来，我们采用 CFPS 2010 年样本数据，从个体的受教育程度、工作年收入（包括单位在 2009 年全年所发的基本工资、浮动工资、加班费、各种奖金和补贴、年终奖金、实物奖励折现）和现工作工龄对部门之间的分割特性进行验证，见表 3-4。

从表 3-4 可见，首先，在受教育程度上，四类部门大专以上学历人员的比例都在不断上升。但是无论对于哪个时期参加工作的群体而言，在公共部门和国有集体经济部门就业的大专以上学历人员的比例都要明显高于在两类私有经济部门工作的人员。

表 3-4　各部门不同时期的大专以上学历人员比例、年工资收入均值与现工作工龄均值

	参加工作时期	样本量（个）	大专以上学历人员的比例（%）	年工资收入的均值（元）	现工作工龄的均值（年）
公共部门	1978~1991	174	55.75	30137.59	15.33
	1992~2002	134	79.10	31650.48	10.25
	2003~2010	87	80.46	24905.10	3.98
国有集体经济部门	1978~1991	258	18.99	26549.13	16.85
	1992~2002	148	39.19	24815.53	9.05
	2003~2010	87	60.92	25358.12	3.32
Ⅰ类私有经济部门	1978~1991	519	9.63	21569.61	7.78
	1992~2002	435	23.45	28642.44	4.66
	2003~2010	278	44.24	23872.65	2.13
Ⅱ类私有经济部门	1978~1991	392	0.77	14162.42	9.09
	1992~2002	229	7.42	19527.07	5.28
	2003~2010	93	13.98	15965.27	1.95
合计		2834	—	—	—

注：为表格中数据比较方便，此处没有列出均值的标准误。

其次，在收入水平上，公共部门、Ⅰ类和Ⅱ类私有经济部门的年工资收入都体现出在 1992~2002 年参加工作群体的收入最高，而在 2003~2010 年参加工作群体的收入有所下降，这可能与在 2003~2010 年参加工作群体的工龄较短有关。同时，在四个部门中，在Ⅱ类私有经济部门工作的人员收入明显低于在其他部门工作的人员。

另外，从现工作工龄的均值比较也可看出，无论对于哪个时期参加工作的群体而言，在公共部门和国有集体经济部门工作的人员的现工作工龄都要明显比在两类私有经济部门工作的人员的现工作工龄要长。

综合来看，公共部门和国有集体经济部门更要求员工具备较高的受教育水平。尽管在 I 类私有经济部门工作人员的收入水平仅略低于国有部门的收入水平，但是从现工作工龄均值的比较来看，I 类私有经济部门工作人员的现工作工龄均值明显低于国有部门，这体现了在公共部门和国有集体经济部门工作具有较高的稳定性。

因此，四类部门的分割特性更突出地体现在公共部门和国有集体经济部门与两类私有经济部门之间，即国有部门和非国有部门之间存在分割。

第二节 部门分割下的代际流动

根据本书的研究框架，本节将进一步探讨部门分割对个人地位获得的影响。

本节的讨论主要分为两个部分，一是引入对数线性模型，通过分析父代工作部门和子代工作部门相关数据，来揭示改革以后代际部门流动模式的整体变化特征；二是引入 Logistic 模型，通过分析父代资源和子代资源相关数据，来说明哪些因素影响了子代首个工作的部门和目前工作的部门，以及在改革以后不同时期（分为改革初期、改革中期、改革深化期）作用大小的变化。

一 代际部门流动模式

首先分析代际部门流动模式。社会流动水平是检验社会系统的开放程度以及社会公平性的重要指标，较高的社会流动率和较平等的流动机制有利于政治民主化和政治稳定，因为这种社会鼓励个体凭借能力而非出身来获得社会位置（Hout, 1988）。早期的流动表分析主要依靠计算各种概括性指标（如总流动率、流入率、流出率等）来考察社会的开放程度，但是它无法将描述开放性的纯粹流动率与边缘分布（职业结构）相分离，因此无法进行跨时代或跨国别的比较分析。

Hauser 等人在职业流动研究中引入了对数线性模型（Hauser, 1978）。对数线性分析不像流动表分析那样直接计算流动率，而是与地位获得研究一样，采用建立理论假设进行检验的模型分析方法。但与地位获得模型中采用路径分析方法不同的是，它分析的出发点是检验流动表中初始和目标职业变量相互独立的假设［即 Glass 等人提出的完全流动（Perfect Mobility）的概念，指的是阶层完全开放或机会均等的流动状态］，因此可以直接利用职业分类来构成职业变量，变量不同取值之间只是种类的差别（而不用像地位获得模型那样预先设置等级秩序），可以被理解为一种水平关系。Hauser 有关父代职业与子代职业之间交叉分类得到的代际社会流动表格是其中的一个经典分析案例，见表 3-5。

表 3-5 Hauser 的流动表格

父代职业	子代职业				
	（1）	（2）	（3）	（4）	（5）
高端非体力（1）	1414	521	302	643	40
低端非体力（2）	724	524	254	703	48
高端体力（3）	798	648	856	1676	108
低端体力（4）	756	914	71	3325	237
农业（5）	409	357	441	1611	1832

资料来源：转引自鲍威斯、谢宇（2009：83）。

同时，Hauser 正是基于表 3-5 的观测比数比的模式设计了如下矩阵，并由此计算出当时美国社会代与代之间的职业关联度。

2	4	5	5	5
3	4	5	5	5
5	5	5	5	5
5	5	5	4	4
5	5	5	4	1

一些后来的改进，如对数可乘积面效应模型能更加简约地检验不同国家和地位的代际流动差异（Xie，1992）。国内研究者也采用对数线性模型对中国城镇居民在改革前后代际职业流动模型进行比较研究（李路路，2002；高勇，2009）。本节同样使用对数线性模型，对改革以后的代际部门流动模式进行分析。受到样本量的限制，本节没有引入时间变量，而是采用二维的列联表，以对转型时期我国代际流模式特征有一个整体把握。

1. 研究假设

(1) 继承性假设

已有研究表明，1978 年以后我国进入了一个经济持续增长与社会持续分化的转型时期。在个人社会地位获得过程中，来自家庭背景的影响虽然有所减弱，但它与在其他工业化社会中一样具有显著性。代表性的观点来自李路路，他认为阶层再生产是中国社会与其他国家阶层流动的共享模式，这一模式实际上与国家统治技术紧密相关（李路路，2006）。如果阶层再生产模式成立，那么父代的工作部门与子代的首个工作部门以及子代的目前工作部门都应该表现出明显的继承效应。这表现在 $R*C$ 表格中频数沿对角线单元格聚集的倾向，而且 R 和 C 在非对角线单位中相互独立，即子代工作部门之间很难相互流动。根据假设（1）设计的拓扑矩阵如下：

1	0	0	0
0	2	0	0
0	0	3	0
0	0	0	4

（2）继承性加结构性流动假设

在假设（1）中，我们假设行、列的边缘效应是相互独立的，也就是子代部门之间很难流动。实际上，在我国经济体制改革和劳动体制改革的进程中，劳动力市场的部门结构已经发生重大变迁，不仅非国有经济部门吸纳了大量的新生劳动力，而且一些原先在公共部门和国有集体经济部门的人员也出现了跨部门的流动。因此，即便父代的工作部门与子代的工作部门之间具有较强的继承效应，也存在部门结构变迁导致的结构性流动。因此，在模型中除了考虑主对角线的对称性之外，还应考虑边缘分布的差异，设计的矩阵可表达为：

2	1	1	1
1	3	6	7
1	6	4	8
1	7	8	5

（3）继承性加结构壁垒假设

假设（2）考虑了部门结构变迁所导致的结构性流动，但是它并没有明确指出子代在跨部门流动中的难度。事实上，单位体制、户籍等结构壁垒因素会阻碍子代向特定部门的流动。改革造成了部门结构的巨大变迁，但并没有彻底改变各部门资源的聚集和分配方式。比起私有经济部门，公共部门和国有集体经济部门依然掌握更多的核心资源要素，其对部门内部人员（及其子女）的保护性效应和对其他部门人员的排斥性效应在改革过程中一直持续存在。这使子代很难跨越流动到与父代工作部门类别差异较大的工作部门。

因此，在模型中应该考虑不同部门类别具有的不同跨越难度。我们采用跨越模型，它的一个特点在于不涉及对角线单元格相连两行和两列的局部比数比，满足局部独立性。矩阵设计如下：

1	0	1	1
0	2	1	1
2	2	3	0
2	2	0	4

2. 数据与变量

本节所使用的数据是 CFPS 2010 中父代和子代的工作部门相关数据。所涉及的变量包括父代工作部门，以及子代首个工作部门与子代目前工作部门。工作部门均分为四种类型，即公共部门、国有集体经济部门、Ⅰ类私有经济部门和Ⅱ类私有经济部门。为了比较父代工作部门对子代就业过程的影响，将建立两组模型，分别是父代工作部门与子代首个工作部门、父代工作部门与子代目前工作部门。表3-6、表3-7为代际部门流动的列联表。

表 3-6　父代工作部门与子代首个工作部门的列联表
（1978~2010）

父代工作部门	子代首个工作部门				
	（1）	（2）	（3）	（4）	合计
公共部门（1）	37	18	30	5	90
国有集体经济部门（2）	39	76	89	25	229
Ⅰ类私有经济部门（3）	18	17	86	28	149
Ⅱ类私有经济部门（4）	57	48	298	158	561
合计	151	159	503	216	1029

表 3-7　父代工作部门与子代目前工作部门的列联表
（1978~2010）

父代工作部门	子代目前工作部门				
	（1）	（2）	（3）	（4）	合计
公共部门（1）	36	19	32	7	94
国有集体经济部门（2）	46	72	94	31	243
Ⅰ类私有经济部门（3）	17	21	82	34	154
Ⅱ类私有经济部门（4）	55	48	308	191	602
合计	154	160	516	263	1093

3. 统计模型与结果

首先，我们设（1）独立模型为基线模型，即假设父代工作部门和子代工作部门之间是相互独立的，两者之间不存在交互作用。其次，我们通过上文的研究假设来设计矩阵，建立替代模型：（2）准独立模型，代表上述假设（1）；（3）准对称模型，代表上述假设（2）；（4）跨越模型，代表上述假设（3）。我们使用 MIE 对这些模型进行估计，用 G^2 和 BIC 来比较各个模型拟合程度，以检验研究假设。

从表 3-8 和表 3-9 可见，模型（3）和（4）都很好地拟合了数据。相比而言，模型（4）对数据拟合得更好，即 G^2 = 0.81，0.6，且 BIC = -7.84，-8.68。这支持了上述研究假设（3），即继承性加结构壁垒假设。换言之，在转型时期的中国城市地区，整体而言，无论是在父代工作部门和子代首个工作部门之间，还是在父代工作部门和子代目前工作部门之间，严格意义上的继承效应都有所减弱［因为模型（2）拟合得并不好］，子代出现了一定的部门流动性。但是部门之间的结构壁垒依然明显，这表现在父代工作部门为私有经济部门的子代很难向上流动到公共部门和国有集体经济部门；同时父代工作部门为公共部门和国有集体经济部门的子代也很难向下流动到私有经济部门。

表 3-8　父代工作部门与子代首个工作部门数据所拟合模型的拟合优度统计量

模型	G^2	df	BIC
（1）独立模型	16.93	9	127.45
（2）准独立模型	5.86	5	15.56
（3）准对称模型	1.06	3	-5.13
（4）跨越模型	0.81	4	-7.84

表 3-9　父代工作部门与子代目前工作部门数据所拟合模型的拟合优度统计量

模型	G^2	df	BIC
（1）独立模型	16.74	9	125.68
（2）准独立模型	7.62	5	24.22
（3）准对称模型	0.75	3	-6.06
（4）跨越模型	0.6	4	-8.68

二 不同时期劳动者工作部门获得的影响因素

本节主要分析改革以来不同时期劳动者进入首个工作部门和目前工作部门获得的影响因素。为了比较分析的方便，本节将采用工作同期群分析。考虑到我国城市劳动力市场部门结构变迁的阶段性特征，选择了三个不同的工作同期群（Job Cohort）作为研究对象。

工作同期群1：1978～1991年参加工作（简称1978～1991组）。

工作同期群2：1992～2002年参加工作（简称1992～2002组）。

工作同期群3：2003～2010年参加工作（简称2003～2010组）。

同时，由于样本量的限制，结合我国城市劳动力市场部门分割主要体现在国有部门与非国有部门之间的特征，本节将部门类型进行合并，用二分Logistic模型来考察子代进入首个工作部门或目前工作部门获得类型（1为国有部门，包括公共部门和国有集体经济部门；0为非国有部门，包括两类私有经济部门）的影响因素。

1. 研究假设

这里我们回顾一下第二章第二节提出的假设。

假设1：相比改革初期，在改革中期和深入期，父代工作部门对子代首个与目前工作部门获得的影响程度将逐渐减弱。

在改革的早期，与非国有部门相比，国有部门还保留了许多再分配体制的特征，包括经理领导层的上级任命、财会体制僵化、利益分配不与绩效挂钩，以及对大型国有企事业单位的国家扶助和政策倾斜，父代资源对子代工作部门获得具有重要影响。1992年新一轮的市场化改革推动了企业经营体制改革和劳动体制改革，国家对社会资源控制有所放松。2003年以来，私有经济部门，特别是其中的三资企业等经济成分发展迅速，国有与非国有之间的分割特性在弱化。同时城市劳动力市场也逐步发育起来，使父代工作部门对子代工作部门的影响减弱。

假设2：无论在改革的哪个时期，子代的人力资本因素对子代首个与目前工作部门获得都具有重要影响。子代的受教育程度越高，越有可能进入国有部门工作。

经济转型引入了市场竞争机制，劳动力市场的发育和成熟使个体的受教育程度成为获得较高职业地位的基本条件。因此，受教育程度越高的个体，越有可能进入国有部门工作。

假设3：无论在改革的哪个时期，户籍身份都依然对个体的就业发挥作用。比起幼年时为农业户口的劳动者，幼年时为非农户口的劳动者更有机会进入国有部门工作。

户籍制度限制了个体在劳动力市场上的流动，同时个体的户籍身份也对其在劳动力市场的就业结果产生重要影响。在改革之前，城乡差别被认为是中国最大的社会不平等，这种差别具有地理和制度上的双重意义。在改革以后，尤其是1990年以后，国家对人口流动的行政控制逐步减弱，但户籍制度一直没有质的改变。因此，因户籍导致的劳动力市场分割与部门分割一起影响了劳动者的就业结果。

2. 数据与变量

本节使用数据同上。本节所涉及的变量包括以下几类。

自变量：父代工作部门、父代受教育程度、子代受教育程度、子代 12 岁时户口。

因变量：子代首个工作部门、子代目前工作部门。

控制变量：现工作工龄、年龄、性别、时间（三个工作同期群）。

本节所使用变量的描述性统计如表 3-10 所示。

表 3-10 本节所使用变量的描述性统计

变量	变量编码	频数 1978~1991 组 ($N=261$)	百分比 （%）	频数 1992~2002 组 ($N=417$)	百分比 （%）	频数 2003~2010 组 ($N=323$)	百分比 （%）
子代首个工作部门	0 非国有部门（参照）	163	62.45	229	71.7	237	73.37
	1 国有部门	98	37.55	118	28.3	86	26.63
子代目前工作部门	0 非国有部门（参照）	173	66.28	304	72.9	231	71.52
	1 国有部门	88	33.72	113	27.1	92	28.48
子代初职时受教育程度	1 初中及以下（参照）	171	65.52	224	53.72	93	28.79
	2 高中	70	26.82	123	29.5	95	29.41
	3 大专及以上	20	7.66	70	16.79	135	41.8
子代目前受教育程度	1 初中及以下（参照）	168	64.37	219	52.52	93	28.79
	2 高中	41	15.71	99	23.74	92	28.48
	3 大专及以上	52	19.92	99	23.74	138	42.72
父代工作部门	0 非国有部门（参照）	152	58.24	302	72.42	241	74.61
	1 国有部门	109	41.76	115	27.58	82	25.39
父代受教育程度	1 小学及以下（参照）	162	62.07	177	42.45	89	27.55
	2 初中	55	21.07	143	34.29	129	39.94
	3 高中及以上	44	16.86	97	23.26	105	32.51

续表

变量	变量编码	频数	百分比(%)	频数	百分比(%)	频数	百分比(%)
		1978~1991组 (N=261)		1992~2002组 (N=417)		2003~2010组 (N=323)	
子代12岁时户口	0 农业（参照）	188	72.03	303	72.66	214	66.25
	1 非农	73	27.97	114	27.34	109	33.75
性别	0 女（参照）	116	44.44	159	38.13	158	48.92
	1 男	145	55.56	258	61.87	165	51.08
现工作工龄	为连续变量	—	—	—	—	—	—
年龄	为连续变量	—	—	—	—	—	—

3. 统计模型与结果

模型1：因变量为子代首个工作部门

不同时期子代进入首个工作部门的 Logistic 模型参数结果如表 3-11 所示。

表 3-11　不同时期子代进入首个工作部门的 Logistic 模型参数结果

变量	模型1a (1978~1991组)	模型1b (1992~2002组)	模型1c (1903~2010组)
	回归系数（coef）	回归系数（coef）	回归系数（coef）
父代工作部门（非国有）			
国有	1.033** (0.34)	0.833** (0.29)	0.142 (0.31)
父代受教育程度（小学及以下）			
初中	-0.145 (0.41)	0.676* (0.31)	0.459 (0.38)
高中及以上	0.490 (0.46)	1.347*** (0.35)	0.384 (0.39)

续表

变量	模型1a (1978~1991组) 回归系数 (*coef*)	模型1b (1992~2002组) 回归系数 (*coef*)	模型1c (1903~2010组) 回归系数 (*coef*)
子代初职时受教育程度（初中及以下）			
高中	1.620 *** (0.38)	0.389 (0.30)	0.406 (0.48)
大专及以上	2.352 *** (0.63)	1.581 *** (0.39)	1.337 ** (0.51)
性别（女）			
男	-0.003 (0.32)	-0.266 (0.27)	-1.191 (0.28)
年龄	0.045 (0.04)	0.048 (0.03)	0.136 ** (0.05)
截距	-3.567 * (1.73)	-3.567 *** (0.99)	-5.312 *** (1.17)
N	261	417	323
Chi^2	87.63 ***	104.61 ***	56.33 ***
df	7	7	7

注：显著性水平：*** $p<0.001$，** $p<0.01$，* $p<0.05$ 括号内为标准误。

模型2：因变量为子代目前工作部门

不同时期子代目前工作部门获得的 Logistic 模型参数估计结果如表3-12所示。

表3-12 不同时期子代目前工作部门获得的 Logistic
模型参数估计结果

变量	模型2a (1978~1991组) 回归系数 (*coef*)	模型2b (1992~2002组) 回归系数 (*coef*)	模型2c (2003~2010组) 回归系数 (*coef*)
父代工作部门（非国有）			
国有	1.185 ** (0.45)	0.678 * (0.33)	0.017 (0.35)

续表

变量	模型 2a (1978~1991 组) 回归系数 (*coef*)	模型 2b (1992~2002 组) 回归系数 (*coef*)	模型 2c (2003~2010 组) 回归系数 (*coef*)
父代受教育程度（小学及以下）			
初中	0.189 (0.43)	0.359 (0.33)	0.617 (0.38)
高中及以上	0.538 (0.50)	0.723 + (0.35)	0.515 (0.40)
子代现职时受教育程度（初中及以下）			
高中	0.793 + (0.46)	0.598 + (0.35)	0.002 (0.47)
大专及以上	2.209 *** (0.47)	1.587 *** (0.37)	0.993 + (0.52)
子代 12 岁时户口（农业）			
非农	0.182 (0.05)	0.305 (0.32)	0.654 + (0.34)
子代现工作部门的工龄	0.061 ** (0.02)	0.085 ** (0.03)	0.124 * (0.08)
性别（女）			
男	0.335 (0.35)	0.188 (0.28)	-0.291 (0.29)
年龄	-0.001 (0.05)	-0.046 (0.04)	-0.092 (0.06)
截距	-3.134 + (1.90)	-4.677 *** (1.15)	-5.128 *** (1.29)
N	261	417	323
Chi^2	105.43 ***	126.92 ***	67.84 ***
df	9	9	9

注：显著性水平：*** $p<0.001$，** $p<0.01$，* $p<0.05$；+ $p<0.1$。括号内为标准误。

首先来看父代资源的影响。在模型 1 中，可以看到父代工作部门对子代进入首个工作部门具有显著影响。对于 1978~

1991组,父代在国有部门工作的子代进入国有部门工作的机会,是父代不在国有部门工作的子代的2.81($e^{1.033}$)倍。对于1992~2002组,父代在国有部门工作的子代进入国有部门工作的机会,是父代不在国有部门工作的子代的2.30($e^{0.833}$)倍。然而,对于2003~2010组,父代工作部门对子代进入工作部门的影响不再显著。在模型2的第一行也观察到相似的结果。由此,假设1得到了证明。

其次来看子代受教育程度的影响。无论是子代进入首个工作部门,还是目前工作部门获得,子代受教育程度对子代国有部门工作获得都有显著影响。这表现在子代受教育程度越高,其越可能在国有部门工作。而且,在模型1中,对于1978~1991组,子代具有高中学历对其进入国有部门有显著影响,但这种影响在1992~1902组、2003~2010组中不再显著。这说明国有部门对劳动者的受教育程度要求在显著提高,只有获得大专及以上学历,才能进入国有部门工作。在模型2中也能观察到类似的结果。由此,假设2得到了证明。

接下来看子代户口因素对子代工作部门获得的影响。模型2是考察子代目前工作部门获得的影响因素,因此比模型1增加了两个控制变量,即子代12岁时户口类型和子代现工作工龄。在模型2中,仅在2003~2010组中发现,12岁时为非农户口的子代比为农业户口的子代进入国有部门的机会多1.92($e^{0.654}$)倍。但在其他两组中并不显著,这并不符合我们的假设。原因可能与对户口因素的考察类别相对单一有关。如果能进一步区分户口的来源地,可能更能解释户口分割与部门分割对个体在劳动力市场上的就业产生的影响。

此外,其他控制变量如性别、年龄基本不显著,同时现工作工龄对子代在国有部门工作具有显著影响。

第三节 本章小结

本章首先考察了从 1978 年至 2010 年，在我国的经济体制改革以及劳动体制改革背景下，城市劳动力市场的部门结构变迁过程。研究发现部门分割（这主要表现在国有部门与非国有部门之间的分割）一直存在，但随着改革的推进有所弱化。

其次，本章从两个方面考察了改革时期这种部门分割特征对代际流动的影响及其作用变化。

研究发现，一方面，转型时期我国城市地区整体的代际部门流动模式属于继承性效应和结构壁垒效应同时存在，这使子代很难跨越流动到与父代工作部门类别差异较大的工作部门。也就是说，父代在两类私有经济部门的子代，很难向上流动到公共部门和国有集体经济部门，反之亦然。

另一方面，在改革的不同阶段，父代资源对子代进入不同工作部门的作用也在发生变化。在改革初期和改革中期，父代在国有部门工作对子代首个和目前国有部门获得都具有显著影响；但是在改革深化期，这种影响不再显著。此外，无论是子代进入首个工作部门，还是其目前工作部门获得，子代受教育程度对子代国有部门工作获得都有显著影响。子代受教育程度越高，其越可能在国有部门工作。

但是，我们并没有观察到户口对子代首个和目前工作部门获得具有显著影响。或许在大样本量的条件下，对户口进行户籍类型和户籍来源地的双维划分，可能更能解释户口分割与部门分割对个体在劳动力市场上的就业产生的影响。

第四章　行业分割下的代际流动

　　行业是国民经济中从事相同性质的经济活动的所有单位的集合。行业（产业）向非国有经济的开放也是我国经济体制改革的一个重要环节。同时，现代化转型、技术进步和行业（产业）结构调整导致了劳动力的结构性剩余或短缺，并进一步导致劳动力在不同行业间的大规模流动和重新配置。问题是，劳动力进入不同的行业以及在行业间的流动是受市场的竞争机制驱动还是其他因素影响？只有通过认识我国劳动力市场的行业结构变化及特征，才能理解劳动者的行业流动以及行业地位获得的原因。

　　中国的经济体制改革使得中国城市居民的收入差距总体上呈扩大趋势。这种收入差距既体现在地区之间、城乡之间，也体现在行业之间，垄断行业与非垄断行业间的收入差距问题尤为突出。大量的实证研究已表明，自20世纪90年代以来，行业收入差距不断扩大，不同行业之间"同工不同酬"的现象也越来越明显（奈特、宋丽娜，1994；赵人伟等，1999；蔡昉等，2005；顾严、冯银虎，2008）。

　　根据本书从劳动力市场分割视角来探讨个人地位获得的研究思路，本章需要探究的问题有以下几点。

1978年至2010年，在市场转型和现代化转型双重力量的驱动下，我国城市劳动力市场的行业结构是如何变迁的？

在我国城市劳动力市场的行业结构变迁过程中，是否存在行业分割特征？这种分割特征主要体现在哪些行业之间？

行业分割对个人地位获得具有影响，体现为：①行业的代际流动模式如何？②不同时期劳动者进入首个行业的影响因素是什么？③不同时期劳动者目前行业获得的影响因素是什么？

下文将针对以上问题进行深入分析和讨论。

第一节　城市劳动力市场的行业分割

在国外有关劳动力市场的研究中，对行业分割的关注较少。其原因可能在于西方市场经济国家由政府出面保护的行业相对较少，所以其劳动力市场的行业分割现象并不明显（郭丛斌，2009：34）。

国外的研究一般将行业划分为垄断行业和竞争行业。从垄断的性质来说，导致行业垄断的原因主要分为自然垄断和行政管制两类。自然垄断是指由规模经济所导致的垄断，即对于存在规模经济的行业，其产品往往由单一企业供应，成本最低，最有效率。而行政管制是指出于某种特殊原因，政府对某个行业进行管制。行政管制是政府干预经济的方式之一，有效的行业干预能够改善效率。但是，由于干预不当以及缺少有效干预手段等，行政干预往往会妨碍被干预行业的竞争，最终出现行政性垄断。

近年来经济学和社会学的大量研究表明，我国平均工资较高的行业大部分是垄断行业，行业垄断是导致高收入的最重要原因,[①] 对收入不平等有着重要影响（边燕杰、张展新，2002；金玉国，2005；郝大海、李路路，2006；罗楚亮，2006；任重、周云波，2009；陈钊等，2010；岳希明等，2010）。因此，行业正是导致社会分化、形成与维护分层模式的制度性和结构性因素之一（王天夫、崔晓雄，2010）。而且，20世纪90年代以来，我国劳动力市场的城乡分割、部门分割逐渐减弱的同时，却出现了一种新的分割形式——行业分割。它不同于部门分割，并不完全依赖于传统的国家计划和再分配制度安排，而是与市场经济条件下的政府垄断相联系。这种由行政性垄断所导致的行业分割造成了不同劳动群体进入垄断行业的机会差别，产生了新的不平等结构（张展新，2004）。

因此，下文将结合经济学有关行业收入差距的分析和劳动力市场分割研究视角，首先系统考察改革至今我国城市劳动力市场行业结构的变迁过程，再进一步分析这一变迁过程中是否存在行业分割特征，最后对行业结构进行划分。

一 劳动力市场行业结构的变迁

在传统计划经济时期，国家全面垄断非农产业，城市中大部分行业由国有企事业单位经营管理，手工业和少量工业由被纳入计划管理体制的城市集体企业经营。中国城镇劳动力几乎全部为国有或集体所有制职工，他们的收入几乎全部来自劳动工资，工资水平则完全由计划体制来决定。在"同工同酬"的理念之下，工龄要比受教育程度更能影响个人收入，而且各个行业之间的工资水平差距较小。

[①] 也有学者认为导致行业间收入差距扩大的原因有技术进步、市场化差异程度以及政府优先发展某些行业等，但学界普遍认为行业垄断是其中最重要的原因。

改革开放以来，我国经济结构发生了巨大变化，行业间工资差距不断扩大。研究者普遍认为，行业工资水平取决于行业的相对垄断程度，这是我国转型时期的一种特有现象。我国现阶段各行业相对垄断程度的差异是在非竞争市场的基础上凭借行政权力人为造成的，是传统的计划经济体制在体制转型时期的残留和畸变（李晓宁、邱长溶，2007：111~112）。

因此，根据国家对非农行业的开放程度和行业的工资差距变化，可以将中国城市劳动力市场行业结构的变迁分为三个阶段（见表4-1、表4-2、图4-1）。

如果进一步比较1978~2009年分行业就业人员平均工资的纵向变化情况，就能明显看出整体上行业收入差距呈逐步扩大的趋势（见图4-1）。

1. 行业结构变迁的第一阶段

1978年至1991年为我国城市劳动力市场行业结构变迁的第一阶段。

从1978年开始，随着乡镇企业、私营企业和三资企业进入生产领域，国有经济和非国有经济相互竞争的局面形成。但是，政府在向非国有经济开放部分行业（产业）的同时，对一些关系国计民生的重要行业（产业）保持了全面或部分垄断控制，对非国有企业的进入实行了严格的限制。限制的方式大致有两种。①通过行业立法，即颁布法律或法规，明确规定某个行业只能由国有单位经营，或对非国有企业的准入条件做非常严格的限定。1986年制定的《中华人民共和国邮政法》和1990年制定的《中华人民共和国铁路法》就属于这一类法律法规。②通过立法或制定行政规章，限定非国有经济主体的经营范围。1987年、1988年相继颁布的《城乡个体工商户管理

表4-1 中国分行业就业人员年均工资(1978~2002)

单位：元

年份	农、林、牧、渔业	采掘业	制造业	电力、燃气及水的生产供应业	建筑业	交通运输仓储和邮电通信业	批发零售贸易和餐饮业	金融、保险业	房地产业	社会服务业	卫生体育和社会福利业	教育文化艺术和广播电影电视业	国家机关、党政机关和社会团体	地质勘探业和水利管理业	科学研究和综合技术服务业
1978	470	676	597	850	714	694	551	610	548	392	573	545	655	708	669
1980	616	854	752	1035	855	832	692	720	694	475	718	700	800	895	851
1985	878	1324	1112	1239	1362	1275	1007	1154	1028	777	1124	1166	1127	1406	1272
1989	1389	2378	1900	2241	2166	2197	1660	1867	1925	1926	1959	1883	1874	2199	2118
1990	1541	2718	2073	2656	2384	2426	1818	2097	2243	2170	2209	2117	2113	2465	2403
1991	1652	2942	2289	2922	2649	2686	1981	2255	2507	2431	2370	2243	2275	2707	2573
1992	1828	3209	2635	3392	3066	3114	2204	2829	3106	2844	2812	2715	2768	3222	3115
1993	2042	3711	3348	4319	3779	4273	2679	3740	4320	3588	3413	3278	3505	3717	3904
1994	2819	4679	4283	6155	4894	5690	3537	6712	6288	5026	5126	4923	4962	5450	6162
1995	3522	5757	5169	7843	5785	6948	4248	7376	7330	5982	5860	5435	5526	5962	6846
1996	4050	6482	5642	8816	6249	7870	4661	8406	8337	6778	6790	6144	6340	6581	8048
1997	4311	6833	5933	9649	6655	8600	4845	9734	9190	7553	7599	6759	6981	7160	9049
1998	4528	7242	7064	10478	7456	9808	5865	10633	10302	8333	8493	7474	7773	7951	10241

续表

年份	农、林、牧、渔业	采掘业	制造业	电力、燃气及水的生产供应业	建筑业	交通运输仓储和邮电通信业	批发零售贸易和餐饮业	金融、保险业	房地产业	社会服务业	卫生体育和社会福利业	教育文化艺术和广播电影电视业	国家机关、党政机关和社会团体	地质勘探业和水利管理业	科学研究业和综合技术服务业
1999	4832	7521	7794	11513	7982	10991	6417	12046	11505	9263	9664	8510	8978	8821	11601
2000	5184	8340	8750	12830	8735	12319	7190	13478	12616	10339	10930	9482	10043	9622	13620
2001	5741	9586	9774	14590	9484	14167	8192	16277	14096	11869	12933	11452	12142	10957	16437
2002	6398	11017	11001	16440	10279	16044	9398	19135	15501	13499	14795	13290	13975	12303	19113

资料来源：根据 2003 年《中国统计年鉴》整理而成。

表 4-2　中国分行业就业人员年平均工资（2003~2009）

单位：元

年份	农、林、牧、渔业	采掘业	制造业	电力、燃气及水的生产供应业	建筑业	交通运输仓储和邮电通信业	批发零售贸易和餐饮业	金融、保险业	房地产业	社会服务业	卫生体育和社会福利业	教育文化艺术和广播电影电视业	国家机关、党政机关和社会团体	水利、环境和公共设施管理业	科学研究、技术服务和地质勘探业	信息传输、计算机服务和软件业
2003	6884	13627	12671	18574	11328	15753	11046	20780	17085	14843	16185	15644	15355	11774	20442	30897
2004	7497	16774	14251	21543	12578	18071	12815	24299	18467	16202	18386	18304	17372	12884	23351	33449

续表

年份	农、林、牧、渔业	采掘业	制造业	电力、燃气及水的生产供应业	建筑业	交通运输仓储和邮电通信业	批发零售贸易和餐饮业	金融、保险业	房地产业	社会服务业	卫生体育和社会福利业	教育文化艺术和广播电影电视业	国家机关、党政机关和社会团体	水利、环境和公共设施管理业	科学研究、技术服务和地质勘探业	信息传输、计算机服务和软件业
2005	8207	20449	15934	24750	14112	20911	14566	29229	20253	18490	20808	20465	20234	14322	27155	38799
2006	9269	24125	18225	28424	16164	24111	16516	35495	22238	21270	23590	23383	22546	15630	31644	43435
2007	10847	28185	21144	33470	18482	27903	19060	44011	26085	24089	27892	28169	27731	18383	38432	47700
2008	12560	34233	24404	38515	21223	32041	22570	53897	30118	27887	32185	31995	32296	21103	45512	54906
2009	14356	38038	26810	41869	24161	35315	25000	60398	32242	30333	35662	36149	35326	23159	50143	58154

注：自 2004 年开始，《中国统计年鉴》对我国分行业就业人员平均工资的统计口径有所变化，即在 1978～2002 年，根据《国民经济行业分类》（GB/T 4757-2002）版本，将行业分为 16 类，并去除了"其他"类别；同时，统计数据明确指明为城镇统计数据。在 2003～2009 年，行业类别有所变化，主要增加了"信息传输、计算机服务和软件业"类别，但没有区分城镇和农村。

资料来源：根据 2004～2010 年《中国统计年鉴》整理而成。

097

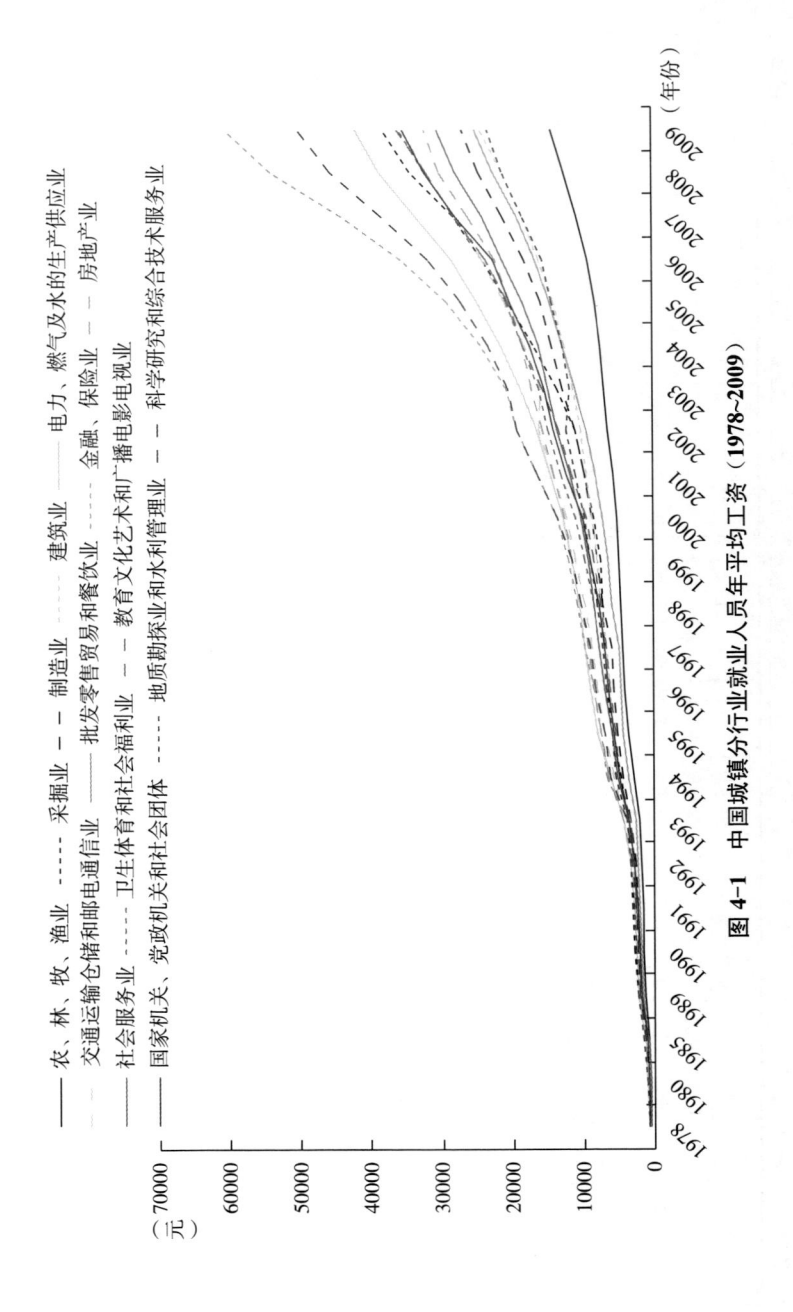

图 4-1 中国城镇分行业就业人员年平均工资（1978~2009）

暂行条例》和《私营企业暂行条例》规定，所涉两类主体的主要经营范围为工业、商业、建筑业、服务业和交通运输业。1986年实施的《外资企业法》规定，外资企业禁止进入新闻、出版、广电、国内商业、对外贸易、保险业和邮电通信业，限制进入公用事业、交通运输、房地产和租赁业等。此外，还通过行政手段限制一些非国有企业的经营范围。例如，在20世纪80年代要求乡镇企业"离土不离乡""主要为农业生产服务"。

这一阶段，从国家统计局的相关数据来看（见表4-1、图4-1），在1978~1991年，经济部门的各个行业平均工资都有了明显的上升，但上升的幅度各不相同。首先，在1978年，行业平均工资最高的前三个行业是电力、燃气及水的生产供应业，建筑业，地质勘探业和水利管理业，而最低的三个行业是社会服务业，农、林、牧、渔业，房地产业。行业最高与最低工资的差值是458元。到了1991年，行业平均工资最高的前三个行业除了电力、燃气及水的生产供应业，地质勘探业和水利管理业，还有采掘业，而最低的三个行业是农、林、牧、渔业，批发零售贸易和餐饮业，以及教育文化艺术和广播电影电视业。行业最高与最低工资的差值是1290元，约是1978年的2.8倍。也就是说，在这一时期，受传统计划经济体制下工资决定方式的影响，工资差异并不大，到了20世纪90年代初，工资较高的行业还是以劳动强度大、危险性高的行业为主。

2. 行业结构变迁的第二阶段

1992年至2002年为我国城市劳动力市场行业结构变迁的第二阶段。

随着1992年以来社会主义市场经济目标的确立，国家对非国有经济资本准入的限制有所松动。同时，前期的改革积累了一定的经验，国家的经济实力也大大增强，政府有能力对国有行业进行重组。但是，不同的国有企业的运行环境和命运截然不同。从20世纪90年代中期开始，纺织业、建筑业等竞争激烈的行业出现大批国有企业职工"下岗"现象；然而，在另一些以国有部门为主的行业，如金融保险业、邮电通信业等，收入水平不断提高，"下岗"情况并不严重。这说明国有企业职工地位的衰落并不是国有部门的全局性现象，而仅存在于某些开放竞争的行业。另外，经济的迅速发展提高了其对垄断产品的需求，垄断行业的利润大幅增加。由行业垄断所造成的行业间在工资收入、福利待遇、就业机会等方面的差距越来越明显。

因此，从20世纪90年代中期开始，中国非农产业发生了分化，形成了"开放－垄断"的行业分化格局，即一类是没有进入限制或限制较少、非国有经济可以进入的开放产业，如工业、商业、建筑业、服务业、公路运输业等；另一类是禁止或严格限制非国有企业进入、主要由国有企事业单位经营的国家垄断产业，包括提供全国性公共产品的产业，如邮电通信业、铁路运输业和电力制造业，还包括直接关系国民经济宏观调控的产业，如银行和其他金融机构。换言之，由行政性垄断所造成的劳动力市场的行业分割正在形成，造成主要由国有企业和国有控股企业经营的、收入较高的垄断行业排斥外来劳动力的局面。也是在这一时期，我国劳动力市场逐步从部门分割向行业分割演化。行业之间的工资差距较大，且呈逐年扩大的趋势。

从国家统计局的相关数据（见表4－1和图4－1）来看，

在 1992~2002 年，经济部门的各个行业平均工资依然持续上升，但垄断行业高工资的形势日趋明显。在 1992 年，行业平均工资最高的前三个行业是电力、燃气及水的生产供应业，地质勘探业和水利管理业，采掘业；而最低的三个行业是农、林、牧、渔业，批发零售贸易和餐饮业，制造业。行业最高与最低工资的差值是 1564 元。到了 2002 年，行业平均工资最高的前三个行业是金融、保险业，科学研究和综合技术服务业，电力、燃气及水的生产供应业；而最低的三个行业是农、林、牧、渔业，批发零售贸易和餐饮业，建筑业。行业最高与最低工资的差值是 12737 元，约是 1992 年的 8.14 倍。总之，与前一阶段相比，金融、保险业由最低工资行业之列上升到最高工资之列，同时建筑业的工资大幅降低，以金融、电力、交通为主导的垄断行业与非垄断行业的工资差距日益扩大。

3. 行业结构变迁的第三阶段

2003 年至 2010 年为我国城市劳动力市场行业结构变迁的第三阶段。

尽管早在 1995 年制定的国民经济和社会发展"九五"计划就开始触及垄断行业改革问题——该计划提出："竞争性行业主要由市场配置资源，基础性产业也要引入竞争机制，使经济更富有活力和效率"，这里的"基础性行业"，隐含指向垄断行业——但直到十六大才明确提出推进垄断行业改革的命题，而且其主要工作是从 2003 年开始的，具体手段包括政企分开、业务分拆和引入行业外资本。在 2003 年 10 月，十六届三中全会通过的《中共中央关于完善社会主义市场经济体制若干问题的决定》提出："加快推进和完善垄断性行业改革。对垄断性行业要放宽市场准入，引入竞争机制。有条件的企业要积极推行投资主体多元化。继续推进和完善电信、电力、民航等行业的改革重组。加快推进铁道、邮政和城市公用事业等改革，实行政企分开、政资分开、政事分开。对自然垄断行业要进行有效监管。"① 同时，根据中国加入 WTO 的承诺，我国的电信、民航、铁路、电力及公共事业等垄断行业要逐步实现对外开放，迎接外资和外企进入，参与国际市场竞争。

因此，加快垄断行业的市场化改革，形成适应市场经济发展要求的现代企业制度和现代监管体系，成为经济体制改革的重要组成部分。2007 年 12 月，财政部联合国资委发布了《中央企业国有资本收益收取管理办法》，该文件规定了中央企业税后利润应缴的比例，该比例按行业不同分三类标准执行：烟草、石油石化、电力、电信、煤炭等具有资源型特征的企业，上缴比例为 10%；钢铁、运输、电子、贸易等企业，上缴比例为 5%；军工企业、转制科研院所企业，暂缓 3 年上缴；而国有控股企业则按照股东大会决议进行利润分配。该文件发布以后，从 2008 年开始，国有垄断企业按规定向国家上缴红利。但诸多研究者认为，按照目前国家的规定，垄断性行业上缴国家红利和租金的比例偏低，这使国有企业大量利润滞留在企业，使垄断性行业内工资收入、福利水平、高管薪酬大幅提高有了充分的条件和可能（李晓宁，2008a；张曙光、程炼，2010）。因此，在"十二五"期间，收入分配体制改革转为转变发展方式的重要举措，重点遏制垄断行业的高收入问题，如提高资源税税率和垄断企业上缴红利的比例（迟福林，2010），或在垄断行业中引入竞争，深化管理体制改革（王俊豪，

---

① 参见《人民日报》2003 年 10 月 22 日，第 1 版。

2009；于吉，2011）。

经过多年的改革，我国垄断性行业在政企分开、引入竞争、引入民营资本等方面已取得很大进展，但垄断行业不合理的利益格局仍未打破。国家统计局数据显示（见表4-2、图4-1），在2003年，行业平均工资最高的前三个行业是信息传输、计算机服务和软件业，金融、保险业，科学研究、技术服务和地质勘探业，而最低的三个行业是农、林、牧、渔业，批发零售贸易和餐饮业，建筑业。行业最高与最低工资的差值是24013元。到了2009年，行业平均工资最高的前三个行业是金融、保险业，信息传输、计算机服务和软件业，科学研究、技术服务和地质勘探业，而最低的三个行业是农、林、牧、渔业，水利、环境和公共设施管理业，以及建筑业。行业最高与最低工资的差值是46042元，约是2003年的1.9倍。

与前一阶段相比，垄断行业的改革初见成效，除了金融业外，以电力、交通为主导的垄断行业与非垄断行业的工资差距有所缩小，以信息传输、计算机服务和软件业为代表的高科技行业的工资收入明显上升。但是，电力、采矿、交通、房地产这些行业的工资收入明显高于平均水平，前一阶段形成的"垄断-开放"格局仍未改变。

二 劳动力市场的行业分割特征

1. 衡量行业分割的指标

目前国内研究者采用不同的方法来衡量行业分割，但主要集中在垄断行业与竞争行业的划分方面。

张展新（2004）采用《国家统计年鉴（2001）》非农行业的就业人数和国有单位职工的比重来划分垄断行业和竞争行业。

首先，他将国有单位职工占比较高的行业列为垄断行业，包括电力、煤气及水的生产供应业，地质勘探和水利管理业，金融、保险业，房地产业，卫生体育和社会福利业，教育文化艺术及广播电影电视业，科学研究和综合技术服务业及国家机关、党政机关和社会团体行业，这些行业国有单位职工的比重都比较高，从房地产业的65%到国家机关、党政机关和社会团体的100%。其次，他将国有单位职工占比较低的行业列为竞争行业，包括制造业、建筑业、批发零售贸易和餐饮业以及社会服务业。这些行业的国有单位职工的比重都不到一半。此外，由于采掘业中有数百万的乡镇集体企业职工，以及交通运输、仓储及邮电通信业属于混合行业，二者并没有被纳入分析。

傅娟（2008）依据国家技术监督局1994年颁布的《国民经济行业分类和代码》（GB/T 4757-94）15类行业分类（除"其他"项之外），没有对垄断指数进行证明，而是选取学界普遍认可的金融、保险业，电力、燃气及水的生产供给业，以及交通运输仓储和邮电通信业为垄断行业；并选取了农、林、牧、渔业，制造业，批发零售贸易和餐饮业，建筑业和采掘业为竞争行业。而其余的6类行业，包括科学研究和技术服务业，教育文化艺术和广播电影电视业，国家机关、党政机关和社会团体，卫生体育和社会福利业，地质勘探和水利管理业，社会服务业并没有被纳入分析。研究者认为没有纳入的原因是这些行业全部或部分属于党政机关或事业单位，属于公共部门而非经济部门，而该研究最感兴趣的是完全垄断行业与其他行业的收入差距。

岳希明、李实、史泰丽（2010）采用《国民经济行业分类》（GB/T4754-2002），通过综合考虑行业中企业的个数、是否有进入和退出的限制,以及产品或服务价格是否存在管制等因素,将金融业,电力、燃气及水的生产供应业,电信和其他信息传输服务业,烟草制品业,石油和天然气开采业,铁路运输业,航空运输业,水上运输业,邮政业列为垄断行业;将农副食品加工业、各类制造业、建筑业、批发和零售业、住宿和餐饮业、居民服务和其他服务业列为非垄断行业。

2. 本书对行业的划分

通过考察劳动力市场行业结构 30 多年来的变迁过程,发现 30 多年来各个行业之间收入差距变化很大。同时,以往研究利用非农行业的国有单位职工所占比重来反映行业垄断程度,划分行业的方式也存在一定的缺陷,如表 4-3 列出的 2003 年、2005 年、2007 年、2009 年 16 个非农行业的国有单位职工所占比重存在变化情况。

表 4-3 中国非农行业国有职工人数所占比重

单位:%

行业	2003 年	2005 年	2007 年	2009 年
教育	96	96	96	96
卫生、社会保障和社会福利业	89	89	89	89
文化、体育和娱乐业	92	91	89	86
公共管理和社会组织	100	100	100	99
科学研究、技术服务和地质勘探业	86	84	81	77
金融业	62	53	41	33
电力、燃气及水的生产和供应业	75	70	67	65
水利、环境和公共设施管理业	90	90	88	87
信息传输、计算机服务和软件业	61	51	42	37
制造业	16	10	7	6
建筑业	27	20	18	15

续表

行业	2003 年	2005 年	2007 年	2009 年
批发和零售贸易餐饮业	7	5	4	3
社会服务业	10	10	10	8
采掘业	46	47	44	44
房地产业	45	33	27	23
交通运输、仓储和邮政业	47	43	40	36

资料来源：根据各年《中国统计年鉴》的按注册类型分职工人数统计表和私营个体从业人数统计表整理计算而成，计算公式为：国有单位职工所占比重＝国有单位职工人数/（国有单位职工人数＋集体单位职工人数＋其他单位职工人数＋私营个体从业人数）。

从表4-3可见，无论是公共部门（包括教育，卫生、社会保障和社会福利业，文化、体育和娱乐业，公共管理和社会组织，科学研究、技术服务和地质勘探业），还是经济部门的金融业，电力、燃气及水的生产供应业，水利、环境和公共设施管理业，信息传输、计算机服务和软件业这些行业，其国有单位职工所占比重都较高，但一些行业自2003年以来比重都在下降。其中金融业下降非常明显，从2003年的62%下降到2009年的33%。

其次，2003年、2005年、2007年、2009年，经济部门的制造业、建筑业、批发和零售贸易餐饮业、社会服务业，国有单位职工的比重均不足三成。

此外，采掘业中有数百万的乡镇集体企业职工没有统计在内[①]；房地产业中非国有经济成分也占有较大比重，而且在2003年、2005年、2007年、2009年，国有职工人数比重明显下降；而在交通运输、仓储和邮政业中，航空、铁路、海洋运

---

① 2000年，采掘业中的乡镇集体企业平均职工人数为293.7万（《中国乡镇企业年鉴》编辑委员会，2001：111）。

输为国有垄断行业，公路运输、仓储业则属于非垄断行业。这三者都属于混合行业。

由于本书考察的是 1978~2010 年行业分割状况对代际流动的影响，国有单位职工在各个行业所占的比重逐年变化，如果以某一时点的数据来区分个体属于垄断行业还是非垄断行业，划分就很不准确，对父代行业数据的划分将更不准确。因此，本书将利用 1978~2009 年《中国统计年鉴》的分行业平均收入统计数据，对各年的平均收入数据（一共有 16 类行业）分别进行排序，并将其归为高、中、低收入三个类别，以准确反映不同时期进入劳动力市场的个体的父代行业、子代首个行业、子代目前行业的行业收入位置，分类表参见附录 A。由此可将我国城市劳动力市场中的各行业分为三类，分别是高收入行业、中收入行业和低收入行业。表 4-4 列出了子代目前行业的收入类别①。

表 4-4　中国城市劳动力市场的行业分类 (2009)

分类	具体行业类型
高收入行业	采掘业
	电力、燃气及水的生产和供应业
	金融、证券、保险业
	信息传输、计算机服务和软件业
	卫生体育和社会福利业
	教育文化艺术和广播电影电视业
	科学研究、技术服务和地质勘探业

---

① 在行业的分类中，为准确反映行业平均收入随时间变化的特征：(1) 子代目前行业的类别按照子代受访时 (2010 年)《中国统计年鉴》行业数据进行划分；(2) 子代初职行业、父代行业的类别按照子代初职年份所对应的《中国统计年鉴》行业数据进行划分。

续表

分类	具体行业类型
中收入行业	公路交通运输业
	仓储业
	建筑业
	房地产业
	社会服务业
	国家机关政党机关和社会团体、军队
低收入行业	农林牧渔水利业
	手工业
	制造业
	批发和零售贸易业
	餐饮、住宿、娱乐业

注：为了便于后文分析，此处分类参照 CFPS 2010 的行业分类进行了调整。

接下来，本书同样采用 CFPS 2010 年样本数据，从个体的受教育程度、工作年收入（包括单位在 2009 年全年所发的基本工资、浮动工资、加班费、各种奖金和补贴、年终奖金、实物奖励折现）和现工作工龄对行业之间的分割特性进行验证，结果见表 4-5。

表 4-5 各行业不同时期的大专以上学历人员比例、年工资收入均值与现工作工龄均值

	参加工作时期	样本量（个）	大专以上学历人员的比例（%）	年工资收入的均值（元）	现工作工龄的均值（年）
高收入行业	1978~1991 年	110	51.28	34316.92	14.36
	1992~2002 年	212	50.67	25730.83	8.05
	2003~2010 年	243	73.26	27833.56	2.67

续表

	参加工作时期	样本量（个）	大专以上学历人员的比例（%）	年工资收入的均值（元）	现工作工龄的均值（年）
中收入行业	1978~1991年	164	27.59	23786.21	11.14
	1992~2002年	326	30.43	24919.39	5.37
	2003~2010年	176	41.94	25014.36	2.63
低收入行业	1978~1991年	464	9.76	20131.93	9.74
	1992~2002年	643	11.45	20022.83	5.47
	2003~2010年	495	28.00	19628.85	1.98
合计		2834	–	–	–

从表4-5可见，首先，在受教育程度上，三类行业大专以上学历人员比例都在不断上升。但是无论对于哪个时期参加工作的群体而言，在高收入行业就业的大专以上学历的人员比例都要明显高于在其他两类行业工作的人员。

其次，在收入水平上，不论对哪个时期参加工作的群体而言，都是在高收入行业工作的人员的年工资收入水平最高，中收入行业次之，在低收入行业工作的人员收入最低。这也验证了由《中国统计年鉴》所划分的行业分割状况。

最后，从现工作工龄上，不论对哪个时期参加工作的群体而言，在高收入和中收入行业工作的人员的现工作工龄几乎都明显比在低收入行业工作的人员要长，即在两类行业工作的人员工作稳定性更强。

因此，三个行业类别之间具有明显的分割特性。

第二节　行业分割下的代际流动

根据本书的研究框架，本节将进一步探讨行业分割对个人地位获得的影响。

和第三章类似，本节的讨论同样分为两个部分，一是引入对数线性模型，通过分析父代行业和子代行业的相关数据，来揭示改革以后代际行业流动模式的整体变化特征。二是引入 Logistic 模型，通过分析父代资源和子代资源相关数据，来说明哪些因素影响了子代进入首个行业和从事目前行业，以及在改革以后不同时期（分为改革初期、改革中期、改革深化期）作用大小的变化。

一 代际行业流动模式

与第三章类似，本节暂时不引入时间变量，而是采用二维的列联表，以对转型时期我国代际行业流动模式的特征有一个整体把握。

1. 研究假设

（1）强继承性假设

改革以来，特别是 20 世纪 90 年代以来，我国劳动力市场的城乡分割、部门分割开始逐渐减弱，却出现了一种新的分割形式——行业分割。不同于部门分割，它并不完全依赖于传统的国家计划和再分配制度安排，而是与市场经济条件下的政府垄断相联系。这种由行政性垄断所导致的行业分割造成了不同劳动群体进入垄断行业的机会差别，派生出新的不平等结构（张展新，2004）。因此，假设我国代际的行业继承也表现为"阶层再生产"模式，那么父代行业与子代的首个行业以及与子代目前从事行业之间都应该表现出明显的继承效应。这在 $R*C$ 表格中表现出频数沿对角线单元格聚集的倾向，而且 R 和 C 在非对角线单位中相互独立，即子代工作行业之间相互很难流动。根据假设 1 设计的拓扑矩阵如下：

1	0	0
0	2	0
0	0	3

（2） 继承性加结构性流动假设

上文的分析表明，随着我国经济体制改革和劳动体制改革的进程推进，劳动力市场的行业结构已经发生重大变迁，行业的收入地位之间的差距日益加大。因此，即便父代的行业与子代的行业之间具有较强的继承效应，也存在因行业结构变迁导致的结构性流动。因此，在模型中除了考虑主对角线的对称性之外，还应考虑边缘分布的差异，设计的矩阵可表达为：

2	1	1
1	3	5
1	5	4

2. 数据与变量

本节所使用的数据是 CFPS 2010 中父代和子代的行业相关数据。所涉及的变量包括父代行业以及子代首个行业与子代目前行业。行业均分为三种类型，即高收入行业、中收入行业和低收入行业。为了比较父代行业对子代就业过程的影响，将建立两组模型，分别是父代行业与子代首个从事行业、父代行业与子代目前从事行业。表 4 - 6、表 4 - 7 为代际行业流动的列联表。

表4-6 父代行业和子代首个从事行业的列联表（1978~2010）

父代行业	子代首个从事行业			
	（1）	（2）	（3）	合计
高收入行业（1）	35	19	39	93
中收入行业（2）	70	79	136	285
低收入行业（3）	87	100	436	623
合计	192	198	611	1001

表4-7 父代行业和子代目前从事行业的列联表（1978~2010）

父代行业	子代目前从事行业			
	（1）	（2）	（3）	合计
高收入行业（1）	38	19	36	93
中收入行业（2）	72	88	125	285
低收入行业（3）	90	128	405	623
合计	200	235	566	1001

3. 统计模型与结果

首先，假设（1）独立模型为基线模型，即假设父代行业和子代行业之间是相互独立的，两者之间不存在交互作用。其次，我们通过上文的研究假设来设计矩阵，建立替代模型——（2）准独立模型，代表上文中的假设（1）。（3）准对称模型，代表假设（2）。本书使用MIE对这些模型进行估计，用G^2和BIC来比较各个模型拟合程度，以检验研究假设（见表4-8、表4-9）。

表4-8 父代行业与子代首个从事行业数据所拟合模型的拟合优度统计量

模型	G^2	df	BIC
（1）独立模型	15.59	4	53.56
（2）准独立模型	14.21	2	24.03
（3）准对称模型	0.31	1	-1.88

表 4-9　父代行业与子代目前从事行业数据所拟合模型的
拟合优度统计量

模型	G^2	df	BIC
（1）独立模型	15.2	4	52.01
（2）准独立模型	11.04	2	17.7
（3）准对称模型	1.62	1	-0.58

从表 4-8 和表 4-9 可见，模型（3）很好地拟合了数据，$G^2=0.31$，1.62 且 BIC = -1.88，-0.58。这支持了研究假设2，即继承性加结构性流动假设。换言之，在转型时期的中国城市地区，整体而言，无论是父代行业和子代首个从事行业之间，还是父代行业和子代目前从事行业之间，都存在一定的继承性，但也明显受到结构性流动的影响。

二　不同时期劳动者行业获得的影响因素

本部分主要分析改革以来不同时期，劳动者进入首个行业和目前行业获得的影响因素。为了比较分析的方便，这里同样将采用工作同期群分析，划分方式同第三章。

结合上文对城市劳动力市场行业分割的划分，本节采用定序 Logistic 模型来考察子代首次进入或目前从事行业类型（低收入行业、中收入行业或高收入行业）的影响因素。

1. 研究假设

假设 4：相比改革初期，在改革中期和深入期，父代行业对子代首个与目前行业获得的影响程度将逐渐增强

在经济体制改革的早期，行业之间的收入差距尚不明显。而 20 世纪 90 年代初期以后，行业间收入差距不断扩大，不同行业之间"同工不同酬"的现象也越来越明显（奈特、宋丽娜，1994；赵人伟等，1999；蔡昉等，2005；顾严、冯银虎，2008），行业之间的分割特性不断增强。特别是进入2003年以后，由行业垄断造成的各行业之间的工资收入、福利待遇、就业机会等方面的差距越来越明显，这使得代际的行业流动性有所降低。

假设5：无论在改革的哪个时期，子代的人力资本因素对子代首个与目前行业获得都具有重要影响。子代的受教育程度越高，越有可能进入高收入行业工作

经济转型引入了市场竞争机制，劳动力市场的发育和成熟使个体的受教育程度成为获得较高职业地位的基本条件。因此，受教育程度越高的个体，越有可能进入收入回报较高的行业工作。

假设6：在改革中期，那些转换行业的人比没有转换行业的人，更有可能进入高收入行业

尽管中国劳动者很少转换自己的行业，但是，随着1992年以来的新一轮市场化改革，中国经济快速增长，这使很多劳动者通过行业转换来获得更高的收入回报。因此，在改革中期，那些转换行业的人比没有转换行业的人，更能进入高收入行业。

2. 数据与变量

本节使用数据同上。本节所涉及的变量包括以下几类（见表4-10）。

自变量：父代行业、父代受教育程度、子代受教育程度。

因变量：子代从事的首个行业、子代目前行业。

控制变量：是否转换行业、年龄、性别、时间（按照参加工作时间划分的三个工作同期群）。

表 4-10 本节所使用变量的描述性统计

变量	变量编码	1978~1991组 (N=261) 频数	百分比(%)	1992~2002组 (N=417) 频数	百分比(%)	2003~2010组 (N=323) 频数	百分比(%)
子代首个行业	1 低收入行业（参照）	174	66.67	259	62.11	178	55.11
	2 中收入行业	49	18.77	89	21.34	60	18.58
	3 高收入行业	38	14.56	69	16.55	85	26.32
子代目前行业	1 低收入行业（参照）	164	62.84	227	54.44	175	54.18
	2 中收入行业	58	22.22	115	27.58	62	19.2
	3 高收入行业	39	14.94	75	17.99	86	26.63
子代初职时受教育程度	1 高中及以下（参照）	241	92.34	347	83.21	188	58.2
	2 大专及以上	20	7.66	70	16.79	135	41.8
子代目前受教育程度	1 高中及以下（参照）	209	80.08	318	76.26	185	57.28
	2 大专及以上	52	19.92	99	23.74	138	42.72
父代行业	1 低收入行业（参照）	141	54.02	269	64.51	213	65.94
	2 中收入行业	102	39.08	111	26.62	72	22.29
	3 高收入行业	18	6.9	37	8.87	38	11.76
父代受教育程度	1 初中及以下（参照）	217	83.14	320	76.74	218	67.49
	2 高中及以上	44	16.86	97	23.26	105	32.51
性别	0 女（参照）	116	44.44	159	38.13	158	48.92
	1 男	145	55.56	258	61.87	165	51.08
是否换过工作	0 没换过（参照）	123	47.13	242	58.03	140	43.34
	1 换过	138	52.87	175	41.97	183	56.66
工龄	为连续变量	-	-	-	-	-	-
年龄	为连续变量	-	-	-	-	-	-

3. 统计模型与结果

模型1：因变量为子代首个行业（见表4-11）。

表4-11 不同时期子代进入首个行业的 Logistic 模型参数估计结果

变量	模型1a （1978~1991组） 回归系数（coef）	模型1b （1992~2002组） 回归系数（coef）	模型1c （2003~2010组） 回归系数（coef）
父代行业（低收入行业）			
中收入行业	0.879* (0.43)	0.270 (0.30)	0.566 (0.39)
高收入行业	0.854 (0.53)	0.999* (0.46)	-0.061 (0.55)
父代受教育程度（初中及以下）			
高中及以上	0.959+ (0.51)	0.765* (0.31)	0.632+ (0.38)
子代初职时受教育程度（高中及以下）			
大专及以上	2.109*** (0.48)	1.329*** (0.36)	0.751+ (0.44)
性别（女）			
男	0.735* (0.36)	0.372 (0.28)	-1.235*** (0.36)
年龄	0.046 (0.04)	-0.016 (0.03)	0.111 (0.07)
截距1	3.915 (1.82)	0.818 (0.87)	2.734 (1.43)
截距2	5.088 (1.78)	2.099 (0.87)	4.033 (1.50)
N	261	417	323
Chi^2	45.61***	38.59***	47.31***
df	6	6	6

注：显著性水平：*** $p<0.001$，** $p<0.01$，* $p<0.05$；+ $p<0.1$；括号内为标准误。

第四章 行业分割下的代际流动

模型2：因变量为子代目前行业（见表4-12）。

表4-12 不同时期子代目前行业获得的Logistic模型参数估计结果

变量	模型2a (1978~1991组) 回归系数 (coef)	模型2b (1992~2002组) 回归系数 (coef)	模型2c (2003~2010组) 回归系数 (coef)
父代行业（低收入行业）			
中收入行业	0.889* (0.40)	0.026 (0.35)	0.354 (0.37)
高收入行业	0.180 (0.79)	0.747+ (0.42)	1.111+ (0.60)
父代受教育程度（初中及以下）			
高中及以上	0.369 (0.61)	0.384 (0.39)	1.059** (0.37)
子代初职时受教育程度（高中及以下）			
大专及以上	1.734** (0.56)	1.309*** (0.36)	1.197*** (0.37)
工龄	0.004 (0.04)	-0.081* (0.04)	0.091 (0.09)
是否转换行业（没换过）			
换过	0.471 (0.37)	0.703** (0.25)	0.016 (0.35)
性别（女）			
男	0.876* (0.36)	0.139 (0.27)	-1.311*** (0.35)
截距1	2.173 (1.14)	-0.013 (0.60)	0.734 (0.42)
截距2	2.173 (1.13)	1.495 (0.59)	1.794 (0.41)
N	261	417	323
Chi^2	45.01***	44.28***	44.85***
df	7	7	7

注：显著性水平：*** $p<0.001$，** $p<0.01$，* $p<0.05$；+ $p<0.1$；括号内为标准误。

117

首先，来看父代资源的影响。在模型 1 中，对于 1992～2002 组，父代在高收入行业工作的确对子代进入高收入行业产生一定的积极影响。这突出表现在改革中期，父代在高收入行业工作的子代进入高行业工作的机会，是父代在低收入行业的子代的 2.72（$\exp^{0.999}$）倍。在模型 2 中，对于 1992～2002 组和 2003～2010 组，父代在高收入行业工作对子代进入高收入行业也具有显著的积极影响。由此，假设 4 得到了证明。此外，父代的受教育水平对子代进入高收入行业的影响一直存在。

其次，来看子代受教育程度的影响。无论是对子代进入首个行业，还是目前行业获得，子代受教育程度对子代从事行业都有着显著影响。在模型 2 中也能观察到类似的结果。由此，假设 5 得到了证明。子代的受教育程度越高，越有可能进入高收入行业工作。

再次，在模型 2 中，对于 1992～2002 组，子代转换工作对其进入高收入行业的确具有显著的积极影响，与此相对应，工龄在 1992～2002 组中是负向的显著影响，即在改革中期，那些转换行业的人比没有转换行业的人，更能进入高收入行业，这证明了假设 6。而这种影响在 2003～2010 组中不再显著。这有可能是 2003～2010 组样本工作时间较短，尚没有发生太多的行业转换。

此外，其他控制变量如性别在改革深化期非常显著，而年龄均不显著。

第三节 本章小结

本章首先考察了 1978～2010 年，伴随我国劳动体制改革，我国城市劳动力市场的行业结构变迁过程。研究发现，我国的行业分割主要表现在由收入差距扩大而造成的分割。而且随着改革的推进，行业分割特性在不断增强。

其次，本章考察了改革时期这种行业分割特征对代际流动的影响及其作用变迁。研究发现，在改革的三个时期中，随着改革的深入，父代在高收入行业工作对子代进入高收入行业也具有显著的积极影响。对于子代的行业进入而言，在改革深化期，子代受教育程度对子代进入高收入行业的影响有所减弱，但依然显著。

再次，在改革的初期和中期，父代受教育程度对子代进入高收入行业也具有一定的影响，而对子代目前从事高收入行业没有影响。但是，在改革深化期，父代受教育程度对子代目前从事高收入行业工作具有显著的积极影响。这意味着随着改革的深入，家庭的文化资本对子代从事高收入行业工作的作用在不断增强。

最后，不论在改革的哪个时期，子代受教育程度对子代目前从事行业都有显著影响。换言之，受教育程度较高的子代即使在初期无法直接进入高收入行业，随着工龄的增加和工作转换，也有可能在高收入行业工作。

上述发现表明在中国的市场转型过程中，行业分割不断深化，代际行业流动始终呈现以继承性为主的流动特征。在改革30多年中伴随劳动力市场的结构变迁，由制度性因素导致的劳动力市场行业分割对代际流动产生了重大影响。如果说个体起点上的不平等是既定的，难以改变，那么个体在劳动力市场中的行业流动过程中的不平等应该是相对容易改变的。所以通过进一步改革以及消除劳动力市场中造成不平等的政策措施和制度，为劳动力的流动提供更自由、公平的竞争平台，将能有效地缓和中国面临的社会不平等问题。

第五章　职业分割下的代际流动

职业是建构社会经济地位等级的主要分类标准，它能够反映个体所掌握的权力、财富和声望水平。在社会分层领域，通常采用职业声望（Occupational Prestige）和社会经济地位指数（Social Economic Status Index，SESI）这两大测量指标来衡量某一职业在社会等级中所处的位置。

职业声望是指人们对各种职业的主观评价。职业声望测量的方式主要是列出一些职业，让被调查者按高低等级进行排列，研究者再对这些高低等级排列赋予相应的分值，计算出每个职业的声望得分，并由此观察声望分层的基本规则（Hatt，1950）。

由于职业声望的测量只能获得少数职业的声望得分，而无法得知所有职业或所有社会成员的声望位置。因此，Duncan（1961）设计出社会经济地位指数，即根据职业声望测量所获得的各类职业的声望得分，以及相应职业的平均收入和教育水平建立回归方程，以求出所有职业的声望得分。后来，Blau和Duncan（1967）进一步发展了这种方法，他们利用45种职业声望调查取得的收入和教育权数，估计出446种职业的社会经济地位指数，并根据各个职业的社会经济地位指数的高低，把这些职业归为 17 个社会地位等级群体。他们的研究发现，基于教育和收入变量估计出的社会经济地位指数，基本上与人们对职业的声望评价相一致。此后，许多研究者都采用此方法计算各个国家的社会经济地位指数得分，并以此作为测量社会地位的重要指标。

进一步的问题是，随着改革开放的日益深入，特别是 20 世纪 90 年代以来市场化水平的逐步提高，我国职业结构的变化加速，职业系统的开放性增强，如何划分劳动者的职业等级，以反映其所处的社会地位成为关键问题。

根据本书从劳动力市场分割视角来探讨个人地位获得的研究思路，本章需要探究的问题是以下几点。

从 1978 年至 2010 年，我国城市劳动力市场的职业结构是如何变迁的？

在我国城市劳动力市场的职业结构变迁过程中，是否存在职业分割特征，以及这种分割特征主要体现在哪些职业之间？

职业分割对个人地位获得具有多大影响？包括：①职业的代际流动模式如何？②不同时期劳动者初职获得的影响因素是什么？

下文将针对以上问题进行深入分析和讨论。

第一节　城市劳动力市场的职业分割

20 世纪 90 年代以来，随着社会主义市场经济体制的逐步建立，中国经济进入了新的转型时期。伴随经济结构的不断调整和经济增长方式的持续转变，我国劳动人口的职业结构也发生了巨大变化。

研究者对我国职业结构的各方面特征进行了研究。一些研究者关注职业结构的性别不平等问题，或称为性别职业分割，即认为我国城市存在男性和女性两个不同的劳动力市场，社会性别歧视是导致性别职业分割和造成性别间工资差异的主要原因（易定红、廖步宏，2005；李实、马欣欣，2006；姚先国、谢嗣胜，2006；李晓宁，2008）。还有一些研究者关注农村劳动力的非农职业流动过程及其社会影响（李强，1999；李实，1999；王春光，2001；蔡昉等，2005；白南生、李靖，2008；符平，2009）。但很少有研究从劳动力市场分割角度来考察职业结构的分割特征。

因此，下文将从劳动力市场分割研究视角出发，首先系统考察改革至今我国城市劳动力市场职业结构的变迁过程，再进一步分析这一变迁过程中是否存在职业分割特征，最后对职业进行划分。

一 劳动力市场职业结构的变迁

职业结构反映了劳动者在职业上的配置问题。通常而言，狭义的职业结构是指劳动者在各种职业之间分布的数量、比例及相互之间的关系；广义的职业结构还与一定素质的劳动者有关，包括各种职业中劳动者的教育构成、产业分布、空间分布等（郭宇强，2007：26~28）。

对职业结构进行研究的前提是对职业进行科学的分类。1987年第十四届国际劳动统计学家大会通过的《国际标准职业分类》（ISCO-88）是以往各国职业划分和修改职业分类的蓝本。在2007年，国际劳工组织推出了新版《国际标准职业分类》（ISCO-2008），将职业分为9大类，包括：①管理者；

②专业人员；③技术人员和专业人员助理；④办事员；⑤服务人员及销售人员；⑥农业、林业、渔业技术员；⑦工艺及有关人员；⑧机械机床操作员和装配员；⑨非技术工人。该版本比1987年版更为强调技能水平和技能的专业程度。

20世纪70年代末以来，我国政府工作重心开始转移到经济建设上来。出于宏观管理的需要，相关部门也制定或修订了有关职业分类标准。1982年3月，国家统计局、国家标准总局、国务院人口普查办公室颁布了《职业分类标准》，将全国的职业分为8大类，64中类，301小类。1983年恢复技术职称评定制度。随后，在1986年颁布了《职业分类与代码》（GB/T 6565-1986）、在1992年颁布了《中华人民共和国工种分类目录》，初步建立起分类齐全、层次分明、结构比较合理的工种分类体系及标准体系。而在1999年5月颁布的《中华人民共和国职业分类大典》则被认为是第一次对我国社会职业进行的科学规范的划分和归类。

进入21世纪以后，由于产业结构调整和科学技术生产力的不断发展，我国的职业结构进一步发生变化。为反映这些新变化，劳动和社会保障部于2005年颁布了新的《中华人民共和国职业分类大典（2005年增补本）》，比1999年版增加了77个职业。总体而言，上述这些职业分类标准基本上都将我国的职业归为8个大类，包括：①国家机关、党群组织、企业、事业单位负责人；②专业技术人员；③办事人员和有关人员；④商业、服务业人员；⑤农、林、牧、渔、水利业人员；⑥生产、运输设备操作人员及有关人员；⑦军人；⑧不便分类的其他从业人员。

同时，从人口普查相关资料可见，相比改革前，我国的职

123

业结构无论是在总量上还是在结构上都发生了显著的变化。

首先,从1982年至2000年,我国各职业岗位从52151万个增长到71692万个,年平均增长率为1.78%[①]。其次,1982年、1990年和2000年三次人口普查的资料显示,我国的职业结构变迁主要有如下几个特点(见表5-1,图5-1)。

表5-1 中国就业人员职业结构(1982、1990、2000)

单位:%

职业类别	1982年	1990年	2000年
国家机关、党群组织、企业、事业单位负责人	1.56	1.75	1.67
专业技术人员	5.07	5.31	5.70
办事人员和有关人员	1.30	1.74	3.10
商业、服务业人员	4.01	5.41	9.18
农、林、牧、渔、水利业生产人员	71.98	70.58	64.45
生产、运输设备操作人员及有关人员	15.99	15.16	15.83
不便分类的其他劳动者	0.09	0.05	0.07
总计	100.00	100.00	100.00

资料来源:由各次《人口普查资料》整理而成,转引自郭宇强(2007:100)。

第一,在20世纪80年代初,农、林、牧、渔、水利业生产人员占据了我国就业人员总量的70%以上;到了2000年,则下降至64.45%,下降幅度非常明显。这说明我国农业户籍人口的职业非农化发展趋势明显。

第二,从1982年至2000年,商业、服务业人员比重明显上升;国家机关、党群组织、企业、事业单位负责人,专业技术人员,办事人员和有关人员比重则略有上升;生产、运输设

[①] 参见国务院人口普查办公室、国家统计局人口统计司编《中国1982年人口普查资料》《中国2000年人口普查资料》,中国统计出版社,1985、2002。

—— 国家机关、党群组织、企业、事业单位负责人
---- 专业技术人员   - - - 办事人员和有关人员
—— 商业、服务业人员
‥‥‥ 农、林、牧、渔、水利业生产人员
－‥－ 生产、运输设备操作人员及有关人员
—— 不便分类的其他劳动者

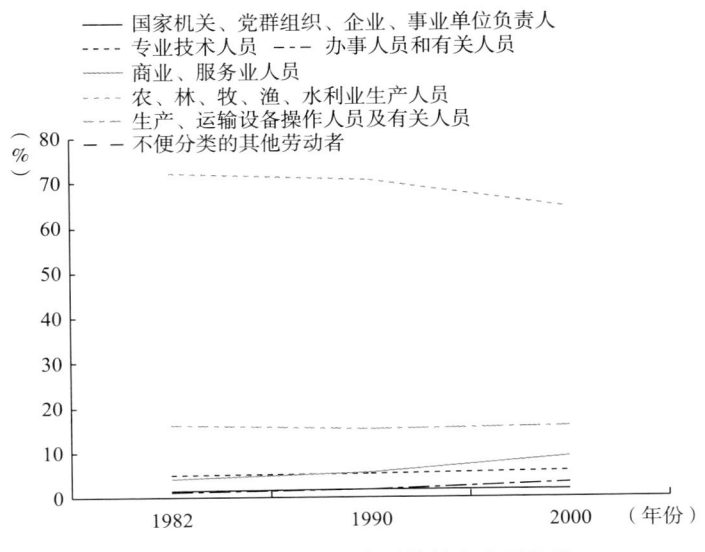

图 5-1　中国各职业类别的就业人员比例

备操作人员及有关人员比重则略有下降。这说明我国产业结构在不断调整，产业结构的调整大大促进了职业结构的变迁。经济转型时期现代商业、服务业得到较快发展，传统制造业发展滞后，使得相应职业内部的从业人员比重发生了变化。

二　劳动力市场的职业分割特征

1. 衡量职业分割的指标

在经济学领域，有关经济转型时期劳动人口职业结构变动的理论基础主要是 Doeringer 和 Piore（1971）提出的"二元结构劳动力市场模型"。他们根据工资、福利和升迁机制等不同特点，将劳动力市场划分为主要（Primary）劳动力市场和次要（Secondary）劳动力市场（或称为一级劳动力市场和二级劳动力市场）。他们认为两个市场遵循不同的运行机制：在主要劳动力市场上，工人工资高、工作条件优越、就业稳定，并

具有接受培训和升迁的机会；次要劳动力市场的工人工资水平低、工作条件差、就业不稳定，且缺乏升迁机会。而且，两个市场之间的流动性十分有限。他们认为进入这两个不同市场的决定因素往往并不是个人的劳动技能与生产能力，而是与其他社会结构和制度特征高度相关。只有在厘清市场结构特征之后，个人特征才能够显现出对于收入分配的影响作用。随后，Piore（1975）进一步将主要劳动力市场细分为高层（Upper Primary Labor Market）与低层主要劳动力市场（Lower Primary Labor Market），并与次要劳动力市场共同形成三元劳动力市场分割状况。

在社会学领域，通常采用职业声望（Occupational Prestige）和社会经济地位指数（Social Economic Status Index，SESI）这两大测量指标来衡量某一职业在社会等级中所处的位置。在我国，已有诸多研究者对职业声望和社会经济地位指数进行了测量，却发现收入和教育对社会经济地位指数的解释力比西方国家低得多（折晓叶、陈婴婴，1995；Lin and Xie，1988；许欣欣，2000b；许欣欣，2005）。也就是说，决定个人声望地位或社会地位的因素不仅仅是收入和教育，权力（许欣欣，2000b：82）、单位分割、城乡分割（李春玲，2005b：101）等因素也对中国人的声望地位或社会地位产生重要影响。

最新对布劳-邓肯社会经济地位指数的回归方程的修正来自李春玲（2005a），她基于全国抽样调查数据，推算出具有较高解释力的社会经济地位指数计算公式。该研究除了收入和教育这两个变量外，还增加了3个影响因素：①权力因素，包括三个虚拟变量，是不是单位的高层管理者、是不是单位的中层管理者、是不是单位的基层管理者；②部门因素，包括三个虚拟变量，是否在党政机关就业、是否在事业单位就业、是否在企业单位就业；③社会歧视因素，包括一个虚拟变量，是不是受歧视职业。加入上述变量后获得如下回归方程：

社会经济地位指数 = 11.808 + 3.349 * 平均教育年限 + 0.573 * 平均月收入（百元） + 16.075 * 最高管理者 + 11.262 * 中层管理者 + 3.738 * 基层管理者 + 8.942 * 党政机关 + 6.841 * 事业单位 - 5.694 * 企业单位 - 26.655 * 受歧视职业（李春玲，2005a）

研究者通过计算得出161种职业的社会经济地位指数，进一步推算出各职业阶层的平均社会经济地位指数（见表5-2）。

表5-2 中国各职业阶层的平均社会经济地位指数（2005）

职业类别	样本数（个）	平均社会经济地位指数	标准差	指数排名
国家与社会管理者	39	82.55	5.32	1
经理人员	65	73.90	6.01	2
私营企业主	61	71.44	5.66	3
专业技术人员	183	73.02	6.50	4
办事人员	313	64.40	6.71	5
个体工商户	589	56.72	3.56	6
商业服务业员工	550	53.88	7.04	7
产业工人	580	52.45	4.77	8
农业劳动者	2330	46.55	1.39	9
城乡无业失业半失业者	301	48.49	0.81	10
合计	5011	51.76	9.39	—

资料来源：转引自李春玲（2005a：202~203）。

2. 本书对职业的划分

结合中国劳动力市场职业结构变迁和已有研究对职业分割的划分方法，本书对职业的划分见表5-3。

表5-3 中国城市劳动力市场的职业分类

分类	具体职业类型
精英职业	国家机关、党群组织、企业、事业单位负责人（简称"管理人员"）
中间职业	一般专业技术人员（简称"技术人员"）
	办事人员和有关人员（简称"办事人员"）
低端职业	个体户
	商业、服务业人员
	生产、运输设备操作人员及有关人员
	农民
	不便分类的其他从业人员

接下来，采用 CFPS 2010 年样本数据，对个体的受教育程度、工作年收入（包括单位在 2009 年全面所发的基本工资、浮动工资、加班费、各种奖金和补贴、年终奖金、实物奖励折现）和现工作工龄与职业分割特性之间的关联性进行验证，结论见表5-4。

表5-4 各职业不同时期的大专以上学历人员比例、年工资收入均值与现工作工龄均值

	参加工作时期	样本量（个）	大专以上学历人员的比例（%）	年工资收入的均值（元）	现工作工龄的均值（年）
管理人员	1978~1991年	113	49.56	45103.7	11.99
	1992~2002年	103	63.11	44827.09	6.71
	2003~2010年	22	72.73	49350.00	3.68

续表

	参加工作时期	样本量（个）	大专以上学历人员的比例（%）	年工资收入的均值（元）	现工作工龄的均值（年）
技术人员	1978~1991 年	208	37.02	28828.75	14.19
	1992~2002 年	212	52.36	30738.39	7.26
	2003~2010 年	171	68.42	25377.37	3.07
办事人员	1978~1991 年	197	27.92	21086.30	12.22
	1992~2002 年	165	36.97	25660.01	6.75
	2003~2010 年	137	58.39	24238.34	2.57
其他*	1978~1991 年	825	1.22	14609.70	9.03
	1992~2002 年	466	10.20	21935.28	5.68
	2003~2010 年	215	33.12	21290.12	1.86
合计		2834	—	—	—

* "其他"含个体工商户，商业、服务业工作人员，生产、运输设备操作人员及有关人员，农民，不便分类的其他劳动者。

从表 5-4 可见，首先，在受教育程度上，无论对于哪个时期参加工作的群体而言，管理人员的大专以上学历人员比例较高，技术人员次之，办事人员又次之，而其他人员较低。

其次，在收入水平上，对于不同时期参加工作的群体，其职业类别显示出不同的收入水平，如管理人员的收入一直最高，技术人员、办事人员相对稳定，其他人员的收入则一直处于最低水平。

最后，在现工作工龄上，不论对哪个时期参加工作的群体而言，现工作工龄的时间从长到短基本依次为管理人员、技术人员、办事人员和其他人员。

综合来看，管理人员（包含具有专业技术职称的管理人员）的受教育程度和收入水平较高，工作也较稳定，属于精英型职业；技术人员、办事人员的收入水平居中，工作相对稳

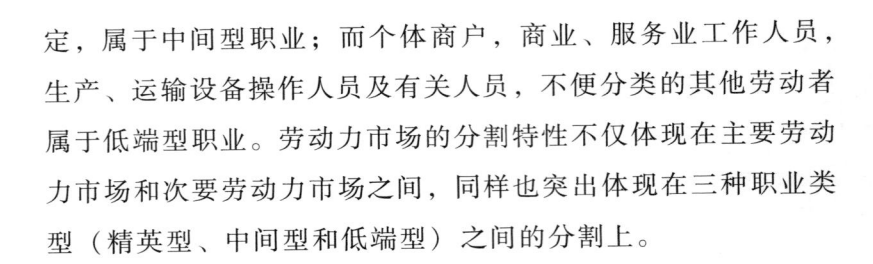

定，属于中间型职业；而个体商户，商业、服务业工作人员，生产、运输设备操作人员及有关人员，不便分类的其他劳动者属于低端型职业。劳动力市场的分割特性不仅体现在主要劳动力市场和次要劳动力市场之间，同样也突出体现在三种职业类型（精英型、中间型和低端型）之间的分割上。

第二节 职业分割下的代际流动

根据本书的研究框架，本节将进一步探讨职业分割对个人地位获得的影响。

和第四章类似，本节的讨论同样分为两个部分。一是引入对数线性模型，通过分析父代职业和子代职业的相关数据，来揭示改革以后代际行业流动模式的整体变化特征。二是引入 Logistic 模型，通过分析父代资源和子代资源相关数据，来说明哪些因素影响了子代初职和现职获得，以及在改革以后不同时期（分为改革初期、改革中期、改革深化期）作用大小的变化。

一 代际职业流动模式

与第四章类似，本节没有引入时间变量，而是采用二维的列联表，以对转型时期我国代际职业流动模式的特征有一个整体把握。

1. 研究假设

（1）强继承性假设

该假设认为，即使是渐进式的改革，也没有改变较强的代际职业继承性效应。这表现在 $R*C$ 表格中频数沿对角线单元格聚集的倾向，而且 R 和 C 在非对角线单位中相互独立，即子代工作部门之间相互很难流动。根据假设 1 设计的拓扑矩阵如下：

1	0	0	0
0	2	0	0
0	0	3	0
0	0	0	4

（2）继承性加结构性流动假设

上文的分析表明，随着我国经济体制改革和劳动体制改革的进程不断推进，劳动力市场的行业市场化水平逐步提高，我国职业结构变化加速，职业系统开放性增强。因此，即便父代职业与子代职业之间具有较强的继承效应，也存在由职业结构变迁导致的结构性流动。因此，在模型中除了考虑主对角线的对称性之外，还应考虑边缘分布的差异，设计的矩阵可表达为：

2	1	1	1
1	3	6	7
1	6	4	8
1	7	8	5

（3）继承性加结构壁垒假设

上述假设（2）考虑了职业结构变迁所导致的结构性流动，但是它并没有明确指出子代在跨职业流动中的难度。如果假设子代很难跨越流动到与父代职业类别差异较大的职业时，可以将矩阵设计如下：

1	0	1	1
0	2	1	1
2	2	3	0
2	2	0	4

2. 数据与变量

本节所使用的数据是CFPS 2010中父代和子代的职业相关数据。所涉及的变量包括父代职业、子代初职与子代现职。职业均分为四种类型，即管理人员、技术人员、办事人员和其他。为了比较父代职业对子代就业过程的影响，将建立两组模型，分别是父代职业与子代初职、父代职业与子代现职。表5-5、表5-6为代际职业流动的列联表。

表5-5 父代职业和子代初职的列联表（1978~2010）

父代职业	子代初职				
	(1)	(2)	(3)	(4)	合计
管理人员（1）	7	24	36	28	95
技术人员（2）	5	32	8	18	63
办事人员（3）	15	66	72	119	272
其他（4）	11	117	96	455	679
合计	38	239	212	620	1109

表5-6 父代职业和子代现职的列联表（1978~2010）

父代职业	子代初职				
	(1)	(2)	(3)	(4)	合计
管理人员（1）	10	25	31	31	97
技术人员（2）	5	29	13	16	63
办事人员（3）	33	75	56	110	274
其他（4）	34	134	114	410	692
合计	82	263	214	567	1126

3. 统计模型与结果

我们设（1）独立模型为基线模型，即假设父代行业和子代行业之间是相互独立的，两者之间不存在交互作用。我们通过上文的研究假设来设计矩阵，建立替代模型（2）准独立模型，代表前述假设（1）；（3）准对称模型，代表前述假设（2）；（4）跨越模型，代表前述假设（3）。我们使用 MIE 对这些模型进行估计，用 G^2 和 BIC 来比较各个模型拟合程度，以检验研究假设。

从表 5-7 和表 5-8 可见，模型（3）很好地拟合了数据，G^2 = 1.51，0.3，且 BIC = -3.77，-7.43。这支持了研究假设（2），即继承性加结构性流动假设。也就是说，在转型时期的中国城市地区，父代职业与子代职业之间存在一定的继承性，

表 5-7　父代职业和子代初职数据所拟合模型的拟合优度统计量

模型	G^2	df	BIC
（1）独立模型	13.43	9	95.94
（2）准独立模型	3.65	5	4.38
（3）准对称模型	1.51	3	-3.77
（4）跨越模型	4.53	4	7.04

表 5-8　父代职业和子代现职数据所拟合模型的拟合优度统计量

模型	G^2	df	BIC
（1）独立模型	8.38	9	50.46
（2）准独立模型	1.16	5	-8.06
（3）准对称模型	0.30	3	-7.43
（4）跨越模型	1.42	4	-5.37

也存在一定的结构性流动，同时子代在各种类型的职业间可以相互流动（即推翻了模型4的假设）。这反映在改革的过程中，市场机制的引入，使得决定个体社会地位的行政功能逐渐减弱，并逐渐演变出一套以现代社会分工体系为基础、反映个人自身能力特征的职业体系。

二 不同时期劳动者职业获得的影响因素

本部分主要分析改革以来不同时期，劳动者初职和现职获得的影响因素。为了比较分析的方便，这部分同样将采用工作同期群分析，划分方式同前两章。

同时，结合我国城市劳动力市场职业分割主要体现在精英型职业、中间型职业和低端型职业之间的特征，本部分将用多项 Logistic 模型来考察子代初职获得的影响因素[①]。

1. 研究假设

假设7：改革以来，父代职业对子代初职获得的影响将不显著

市场机制的引入，使得决定个体社会地位的行政功能逐渐减弱，并逐渐演变出一套以现代社会分工体系为基础，反映个人自身市场能力特征的职业体系。因此，子代初职受到父代职业地位的影响将不显著。

---

① 本部分试图考察在综合考虑父代工作部门、父代行业、父代职业以及父代受教育程度对子代地位获得的影响。但是由于样本量的限制（n=1001），且本章纳入模型的变量较多，如果依照前两章将转型时期划分为三个时期，模型的效果并不理想，这表现在有些参数无法估计出来，或者估计参数的标准误差非常大（1000以上）。所以，本部分只讨论"改革以来"整体时期下子代的初职地位获得。

假设 8：改革以来，子代的人力资本因素对于子代的初职获得都具有重要影响。子代的受教育程度越高，越有可能从事较高职业地位的职业

经济转型引入了市场竞争机制，劳动力市场的发育和成熟使个体的受教育程度成为获得较高职业地位的基本条件。因此，受教育程度越高的个体，越有可能实现职业层级上的向上流动。

假设 9：改革以来，相比父代工作部门，父代的行业对子代初职获得具有更积极的影响

从上文的分析可见，改革以来，特别是 1992 年新一轮市场化改革以后，部门之间的分割在逐渐弱化，而行业收入差距进一步扩大，父代的行业地位对子代的初职获得的影响加深。

2. 数据与变量

本部分使用数据同上，所涉及的变量包括以下几类（见表 5-9）。

自变量：父代职业、父代受教育程度、子代受教育程度。

因变量：子代初职、子代现职。

控制变量：工龄、年龄、性别、时间（即按照参加工作时间划分的三个工作同期群）。

表 5-9　本节所使用变量的描述性统计 ($N=1001$)

变量	变量编码	频数	百分比（%）
子代初职	1 低端职业（参照）	662	66.13
	2 中间职业	302	30.17
	3 精英职业	37	3.70
子代初职时受教育程度	1 高中及以下（参照）	776	77.52
	2 大专及以上	225	22.48

续表

变量	变量编码	频数	百分比（%）
父代职业	1 低端职业（参照）	841	84.02
	2 中间职业	68	6.79
	3 精英职业	92	9.19
父代受教育程度	1 初中及以下（参照）	755	75.42
	3 高中及以上	246	24.58
父代工作部门	0 非国有部门（参照）	695	69.43
	1 国有部门	306	30.57
父代行业	1 低收入行业（参照）	759	75.82
	2 中收入行业	194	19.38
	3 高收入行业	48	4.8
性别	0 女（参照）	433	43.26
	1 男	568	56.74
年龄	为连续变量	—	—

3. 统计模型与结果

模型1：因变量为子代初职

表5-10 子代初职获得的Logistic模型参数估计结果

a. 获得中间职业

变量	模型1a 回归系数（coef）	模型1b 回归系数（coef）	模型1c 回归系数（coef）
父代职业（低端职业）			
中间职业	0.308 (0.31)	0.231 (0.32)	0.036 (0.33)
精英职业	0.505[+] (0.28)	0.454 (0.28)	0.261 (0.30)
父代受教育程度（初中及以下）			
高中及以上	0.814[***] (0.19)	0.763[***] (0.19)	0.765 (0.19)

续表

变量	模型1a 回归系数（coef）	模型1b 回归系数（coef）	模型1c 回归系数（coef）
子代初职时受教育程度（高中及以下）			
大专及以上	2.293*** (0.26)	2.049*** (0.19)	2.056*** (0.19)
父代工作部门（非国有）			
国有		0.210 (0.19)	-0.144 (0.24)
父代行业（低收入行业）			
中收入行业			0.515* (0.23)
高收入行业			0.748* (0.32)
性别（女）			
男	-0.241 (0.16)	-0.236 (0.16)	-0.237 (0.16)
年龄	0.033*** (0.01)	0.028** (0.01)	0.028** (0.01)
截距	-2.474*** (0.35)	-2.394*** (0.36)	-2.445***
N	1001	1001	1001
Chi^2	259.10***	261.26***	268.12***
$Log\ L$	-628.1	-627.01	-623.58
df	12	14	18

注：(1) 显著性水平：***$p<0.001$，**$p<0.01$，*$p<0.05$；+$p<0.1$，括号内为标准误；(2) 参照组为低端职业。

b. 获得精英职业

变量	模型1a 回归系数（coef）	模型1b 回归系数（coef）	模型1c 回归系数（coef）
父代职业（低端职业）			
中间职业	0.375 (0.70)	0.472 (0.71)	0.313 (0.73)

续表

变量	模型 1a 回归系数 (*coef*)	模型 1b 回归系数 (*coef*)	模型 1c 回归系数 (*coef*)
精英职业	1.387** (0.48)	1.458** (0.50)	1.313* (0.53)
父代受教育程度（初中及以下）			
高中及以上	0.552 (0.42)	0.662 (0.44)	0.674 (0.44)
子代初职时受教育程度（高中及以下）			
大专及以上	2.262*** (0.38)	2.285*** (0.38)	2.292*** (0.39)
父代工作部门（非国有）			
国有		-0.308 (0.43)	-0.563 (0.53)
父代行业（低收入行业）			
中收入行业			0.325 (0.53)
高收入行业			0.590 (0.70)
性别（女）			
男	0.452 (0.37)	0.442 (0.38)	0.442 (0.38)
年龄	0.098*** (0.02)	0.104*** (0.02)	0.104*** (0.02)
截距	-7.345*** (0.92)	-7.476*** (0.94)	-7.514*** (0.94)
N	1001	1001	1001
Chi^2	259.10***	261.26***	268.12***
$Log\ L$	-628.1	-627.01	-623.58
df	12	14	18

注：（1）显著性水平：*** $p<0.001$，** $p<0.01$，* $p<0.05$；+ $p<0.1$，括号内为标准误；（2）参照组为低端职业。

模型 1 以子代为低端职业劳动者为参照类，考察了父代资源和子代受教育程度对子代初职获得作用的大小,研究结果有以下几点。

(1) 获得中间职业

在模型 1a 中,相对于成为低端职业者,可以看到父代从事精英职业对子代获得中间职业有显著影响,父代受教育程度、子代受教育程度对子代获得中间职业也有着显著的积极影响。

在模型 1b 中,加入父代工作部门因素后,父代职业对子代初职的影响不再显著,同时父代受教育程度、子代受教育程度对子代获得中间职业依然有显著影响。而父代的工作部门对子代获得中间职业的影响并不显著。

在模型 1c 中,继续加入父代行业因素后,发现父代职业对子代初职的影响依然不显著,同时父代受教育程度对子代获得中间职业的影响也消失了。而父代的行业,无论是中收入行业,还是低收入行业,对子代获得中间职业都具有一定的影响。

(2) 获得精英职业

在模型 1a 中,相对于成为低端职业者,可以看到父代从事精英职业对子代获得精英职业有显著影响,同时子代受教育程度对子代获得精英职业也有着显著的积极影响。

在模型 1b 中,加入父代工作部门因素后,父代从事精英职业对子代获得精英职业的影响依然十分显著,但是父代的工作部门对子代获得精英职业的影响并不显著。

在模型 1c 中,继续加入父代行业因素后,父代从事精英职业对子代获得精英职业的影响有所减弱。子代受教育程度对子代获得中间职业的影响也消失了。而父代的行业对子代获得精英职业却没有显著影响。

此外，性别之间没有显著差异，而年龄一直非常显著。这可能是由于年龄与子代受教育程度有一定的相关性。

需要说明的是，由于本节需要考虑更多的是父代资源因素（包括父代行业、父代工作部门），受到样本量的限制，分工作同期群的模型系数几乎不显著，同时标准误非常大，最大值达1001.84，故在此不再列出相应模型结果。模型1验证了假设8和假设9，但假设7没有得到证明。

第三节 本章小结

本章首先考察了1978～2010年，伴随我国的经济体制改革和劳动体制改革，我国城市劳动力市场的职业结构发生变迁。研究发现，我国的职业分割不是以往简单的主要劳动力市场和次要劳动力市场划分。我国产业结构不断调整，大大促进了职业结构的变迁和职业分工体系的完善，一个中间阶层在不断崛起，这表现为商业、服务业从业人员人数大幅上升，技术人员、办事人员和有关人员比重也在上升，同时工人和农民阶层的人员比重则在下降。因此，精英职业、中间职业和低端职业之间表现出明显的分割特征。

其次，本章从两个方面考察了改革时期这种行业分割特征对个人地位获得的影响。

研究发现，一方面，我国城市地区代际职业流动模式属于继承性效应和结构性流动同时存在。也就是说，父代的行业与子代的职业之间具有一定的关联性，但子代可以向不同的职业进行自由流动。

另一方面，以子代为低端职业劳动者为参照类，考察父代资源和子代受教育程度对子代初职获得作用大小。研究发现，父代职业对子代初职的影响越来越弱，且并不显著。子代受教育程度对获得中间职业和精英职业都具有显著的积极影响。同时，父代行业对子代获得中间职业有显著影响，而父代工作部门对子代获得中间职业或精英职业则没有影响。由于样本量的限制，对于这样的结果需要持谨慎的态度。下一章将进一步就有关父代工作部门和父代行业对子代职业地位获得的作用大小进行比较分析。

第六章　劳动力市场的多重分割与职业地位获得

前面三章分别从我国城市劳动力市场分割的三个方面（部门分割、行业分割和职业分割）对子代地位获得的影响角度进行了细致的探讨和分析。这一章尝试把部门、行业和职业三个因素统合起来，作为表示个体社会地位的综合测量指标，利用结构方程模型对改革以来城市居民的社会地位获得的影响路径进行综合性的分析。

第一节　地位获得模型及其改进

地位获得模型是布劳和邓肯在对美国社会职业结构及分层过程进行研究时提出来的（Blau and Duncan, 1967），并在后续的研究中得到深化和概括。这一模型的主要诉求在于：第一，将职业当作一种获得的地位研究，并将其获得过程嵌入生命历程中进行分析；第二，探讨上述地位获得过程在多大程度上取决于个体的竞争力和偏好，而这些竞争力和偏好本身又在多大程度上影响个体的能力及已有成就。他们特别关注了家庭社会经济背景对职业地位获得的影响。在他们看来，尽管职业

第六章 劳动力市场的多重分割与职业地位获得

地位是个体后天获得的,但家庭出身同样会对地位获得产生影响,从而表现出或大或小的关联性,关联的大小是多种机制综合作用的结果。研究者的目的就是要勾画出这些主要机制,而不在于对现实的完全重现(Duncan and Featherman,1972:2)。

地位获得模型的核心在于强调了工业化在社会流动中的重要性。它为现代工业社会的社会流动提供了一种工业化-功能主义的解释,认为工业化和技术的发展作为一种理性化的过程,必然要求将职业地位作为社会地位的核心,社会选择的标准将从家庭出身转变为成就,随着工业化和技术的发展,社会分层结构将日益开放,社会流动率不断增长,流动机会的平等化趋势将占据主导地位(Blau and Duncan,1967;Treiman,1970)。

在上述框架和目的下,研究者们特别强调了教育在职业地位获得中的中介作用。这一中介作用的大小后来被当作社会系统的开放程度或公平水平的指标。教育机制被认为是现代社会中获取社会地位的主要且相对合理的机制,如果这一机制的影响有限,说明其他的潜在机制发挥着更为重要的作用。

在分析方法上,研究者们主要采用了路径分析的方法建立起基础模型,并分析其结果。他们提出的基础模型包括五个便于测量和使用的变量:父亲的受教育程度(用受教育年数或者级别数测量)、父亲的职业地位(用职业声望或社会经济地位指数测量)、受访者的受教育程度(测量方式同父亲的受教育程度)、受访者第一个职业地位(测量方式同父亲的职业地位)、受访者现在的职业地位(在研究中为1962年的职业地位)。在这一模型中,代表家庭背景的是户主(父亲)的受教育程度及职业,这些都会对儿子的受教育程度产生影响,而教育又会对儿子的初职社会地位以及现职社会地位产生影响,从而将家庭背景的影响传递到下一生命阶段。除了教育这一中介变量和传递机制外，还有其他的多种传递途径，它们在模型中被表达为家庭背景对于儿子职业地位的"直接影响"。

这一基础模型只是探讨的开端，它可以被进一步扩展。首先，即便仅仅存在教育这一种中介机制，那么从家庭背景到教育成就之间也还会存在其他中间过程，如学校质量、家庭环境等。事实上，除了教育这一中介机制外，还存在大量其他中介机制，如个体的智力水平、职业期望、成就动机等都是影响最终职业地位的不同因素，它们本身又受到家庭背景的影响。此外，在不同的环境和制度下，同样的中介机制也会存在作用大小上的差异。在这一基础模型上，邓肯等用 OCG（Occupational Changes in a Generation）数据对不同年龄组、不同民族、不同出生地、不同家庭出身、不同就业时间、不同婚姻状态、不同生育水平的人群的地位获得过程进行了比较，并考虑了智力水平、期望与动机水平、各种社会关系（如婚姻、父母、同辈群体、学校）等中介变量的影响（Duncan and Featherman, 1972）。这些分析和研究奠定了此后关于社会分层过程研究的模式和框架基础。后来的研究者尽管从不同的角度对这一模型进行修正并试图挑战它，但详细分析起来，实际上并未对邓肯等人提出的分析思路形成颠覆性的影响和超越（周怡，2009）。

当然，后续研究确实促进了社会分层流动研究的发展并扩展了邓肯等人的发现。对于性别差异的重视增进了对男女职业流动差异的认识，女性社会流动水平更低，更容易向下流动，初职地位相对较高，但后续职业与初职的关联度小，教育的影响在后续职业发展中作用更大，等等（Duncan and Featherman, 1979）。另外，部分研究者强调社会关系在社会流动中的重要性，并将社会关系提升到"社会资本"的概念水平，这也进一步拓展了邓肯等在上述著作中已经考虑的婚姻关系、同辈群体等关系性因素的影响（周怡，2009）。在这些批评中，中国社会的实践也为地位获得模型的改进提供了多种智力资源：人情关系对于职业获得与社会流动具有影响（Bian et al.，2005）；政治忠诚与庇护性流动模式对于单一流动模式形成挑战（Li and Walder，2001）；单位地位超越职业地位成为重要的社会地位指标（Lin and Bian，1991）。

这些研究都为我们建立劳动力市场分割条件下的地位获得模型提供了重要研究基础。

第二节 劳动力市场多重分割条件下的地位获得模型

一 数据与变量

本节的变量包括两类，一类是外生潜变量及其测量指标，另一类是的内生潜变量及其测量指标。

首先，家庭背景为外生潜变量，一共有4个测量指标，分别是父代的受教育年数、父代工作部门、父代行业和父代的社会经济地位指数。这4个外显指标可以分别表达为共同的潜在变量以及各自的误差项的函数。

其次，参照布劳-邓肯的地位获得模型，在结构模型部分，设置家庭背景可能会对3个内生变量产生直接的影响，它们分别为子代初职时的受教育年数、子代参加工作时的社会地位以及子代在2010年接受调查时的社会地位。除了上述3个直接作用外，受访者的受教育程度会对其初职工作产生影响，而初职工作时的社会地位又会进一步影响到当前的社会地位。因此，家庭社会地位共有3种作用于当前社会地位的方式：第一是直接作用，第二是通过初职传递间接影响，第三是通过受教育程度-初职工作传递的间接作用。对变量间的作用进行分解正是路径分析及结构方程模型的独特之处。本书的研究就是要比较这3种作用的相对大小，从而发现社会分层的主要机制及其变化。

此外，在内生潜变量的测量方面，仅为受教育程度设定了1个外在指标，即受教育年数，并且假定测量没有误差。同时，子代初职时社会地位和子代现在的社会地位都由3个指标来测量，分别是子代职业的社会经济地位指数、子代的行业和子代的部门。

在变量的赋值上，受教育年数由受教育程度转化而来，转化的方式参考谢宇、韩怡梅（1996）转化方式，即将本科由17改为16，硕士由17改为19。职业经济地位指数转换为李春玲2005年对我国职业平均社会经济地位指数的测量结果（见表5-2）。行业性质采用定序整数赋分的方式分别将高收入行业、中收入行业和低收入赋值为3、2、1。部门性质也同样分别将公共部门、国有集体经济部门、Ⅰ类私有经济部门和Ⅱ类私有经济部门赋值为4、3、2、1。

同时，上述潜变量的测量指标可能因为相同的测量方式、相近的定义方式而存在误差项之间的相关，如父亲的受教育程度与父亲的社会经济地位指数之间等也可能存在误差相关，具体设定见本章模型1（见图6-1）。

二 统计模型与结果

根据研究目的，将模型设置如图6-1。

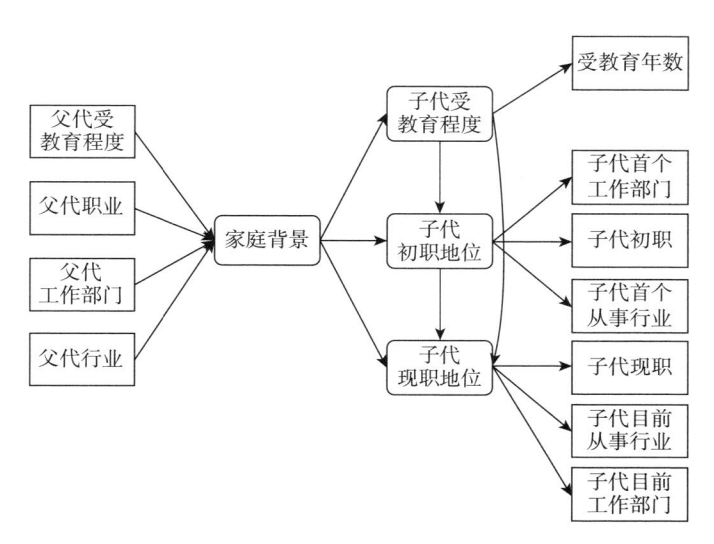

图6-1 劳动力市场多重分割条件下的职业地位获得模型

同时，依据以上研究设计设定的结构方程模型，利用CFPS 2010的调查数据检验1978~2010年中国城镇居民职业地位获得模式的历时性变化。表6-1给出了1978~2010年整个时期，以及分三个时期的子代职业地位获得时相应结构方程的路径系数。

为了解释的方便，我们将表6-1的结果用路径图（见图6-2）的方式表现出来。

表6-1 不同时期个体职业地位获得结构方程的标准化路径系数

路径	模型1 总样本 ($N=1001$)	模型2 1978~1991组 ($N=261$)	模型3 1992~2002组 ($N=417$)	模型4 2003~2010组 ($N=323$)
父代受教育程度——家庭背景	0.24*	0.56*	0.38*	0.36*
父代职业——家庭背景	0.06	0.22	0.19	-0.04
父代部门——家庭背景	0.21*	0.39*	0.65*	0.69*

续表

路径	模型1 总样本 ($N=1001$)	模型2 1978~1991组 ($N=261$)	模型3 1992~2002组 ($N=417$)	模型4 2003~2010组 ($N=323$)
父代行业——家庭背景	0.07	0.48*	-0.04	0.19
家庭背景——子代初职时受教育程度	1.00*	0.42*	0.44*	0.47*
家庭背景——子代初职地位	0.38*	0.28*	0.32*	0.18*
家庭背景——子代现职地位	0.10*	0.01	0.07	0.06
子代初职时教育——子代初职地位	0.35*	0.58*	0.47*	0.55*
子代初职时教育——子代现职地位	0.12*	0.05	0.20*	0.23*
子代初职地位——子代现职地位	0.75*	0.91*	0.73*	0.74*

注：显著性水平：$*p<0.05$。

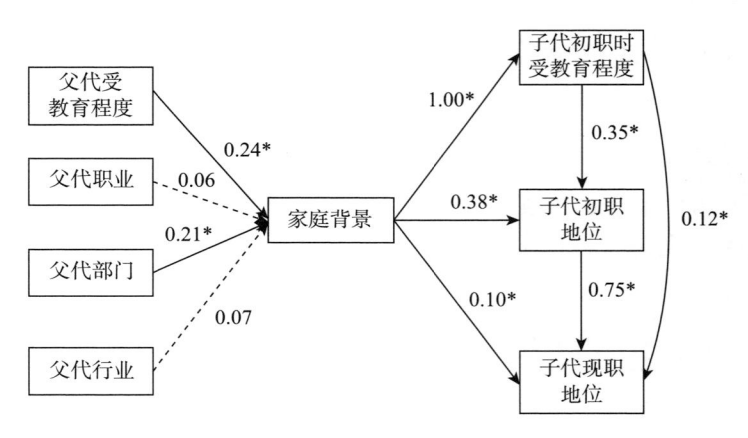

图6-2 个体职业地位获得结构方程的标准化路径系数

说明：虚线表示标准化路径系数不显著，实线表示标准化路径系数显著。

从图6-2可见，父代的受教育程度（0.24）和父代所在的部门（0.21）是决定一个家庭社会经济地位最重要的影响因素，二者的影响都非常显著。而父代行业和父代职业对家庭背景的影响并不显著。

其次，家庭背景对子代初职时受教育程度的影响系数为1.00个标准单位，即家庭背景每提高1个标准单位，子代初职时教育就上升1个标准单位；家庭背景每提高1个标准单位，子代初职地位就上升0.38个标准单位，相比而言家庭背景对子代初职时受教育程度的影响最为显著；家庭背景每提高1个标准单位，子代现职地位就上升0.10个标准单位。同时，在控制了家庭背景的前提下，子代初职时受教育程度对子代初职地位具有显著的直接效应（0.35），对子代现职地位也具有显著的间接效应（0.12），同时子代初职地位对子代现职地位具有显著的间接效应（0.75）。

上述分析可以归纳出两条主要发现。一是家庭背景最主要由父代受教育程度和父代所在部门来决定，这表明部门分割在当代依然是最为重要的劳动力市场分割因素，对代际流动产生了非常重要的影响。二是家庭背景通过子代教育，进而影响子代职业地位获得。子代教育是家庭背景与职业地位获得之间非常重要的中介变量。这和布劳－邓肯地位获得模型的研究结论是一致的。

接下来，进一步比较改革初期、改革中期和改革深入期的职业地位获得模型（即表6-1中模型2至模型4），可见，父代受教育程度和父代所在部门依然是家庭背景最重要的决定因素；而且随着改革的深入，父代受教育程度的标准化路径系数在下降，而父代所在部门的标准化路径系数在不断上升且非常显著，这说明劳动力市场部门分割是最重要的分割形式，父代部门对家庭背景的影响随改革的深入在不断增强。

家庭背景对子代初职时受教育程度的影响方面，随着改革的深入，家庭背景对子代受教育程度的直接效应在增强。同时家庭背景对子代初职地位和现职地位的直接效应在改革中期作用最强，分别是 0.32 和 0.07；而到了改革深化期有所减弱但依然显著，分别是 0.18 和 0.06。这说明在 1992~2002 年，家庭背景对子代职业地位获得的影响最大。这一影响尽管在改革深入期有所减缓，但依旧显著，代际流动依然遵循阶层地位再生产模式。

而子代初职时受教育程度对子代地位获得的影响方面，子代初职时受教育程度对子代初职地位的影响在改革初期标准化路径系数为 0.58，到了改革中期有所下降（0.47），到了改革深入期系数又上升至 0.55；而子代初职时受教育程度对子代现职地位的影响从改革初期的不显著，到改革中期标准化路径系数为 0.20 且显著，在改革深化期上升至 0.23。从中可以看出一个基本趋势，即随着改革深入，教育对个体职业地位获得的影响在增强。

最后，我们发现，无论在哪个时期，子代初职地位对子代现职地位的直接效应都十分显著，标准化路径系数分别为 0.91、0.73 和 0.74，这表明中国城镇居民的代内不流动现象十分普遍，家庭背景主要通过教育影响子代的初职地位，进而影响现职地位。

第三节　本章小结

本章从劳动力市场多重分割视角，对布劳－邓肯的地位获得模型进行改造。具体做法是将部门、行业和职业三个因素统合起来，作为表示个体职业地位的综合测量指标，并利用结构方程模型对改革以来城市居民的职业地位获得影响路径进行综合性分析。

研究发现，无论是整个时期还是改革的三个阶段，家庭背景最主要由父代受教育程度和父代所在部门来决定。这说明部门分割在当代依然是最为重要的劳动力市场分割因素，父代部门对家庭背景的影响随改革的深入在不断增强。

其次，子代教育是家庭背景与职业地位获得之间非常重要的中介变量。随着改革的深入，家庭背景对子代教育的直接效应在增强。

再次，无论在整个改革时期还是改革的三个不同阶段，子代受教育程度对子代初职地位和现职地位都有显著影响，而且总体上随着改革的深化影响在增大。这一结论充分证明了布劳－邓肯的工业化－功能主义假设，即只要工业化在进行，后致性因素对人们的职业地位获得将日益发挥更加重要的影响作用。改革开放以来，国民经济多种所有制成分的共同发展，产业技术改造和知识经济的增长，对人们受教育程度的要求日益提高，同时削弱了政治身份对教育的排斥作用，受教育程度成为影响职业地位获得的最重要因素。

最后，无论在哪个时期，子代初职地位对子代现职地位的直接效应都十分显著，这表明中国城镇居民的代内不流动现象十分普遍。可以说，家庭背景主要通过教育影响子代的初职地位，进而影响了子代的现职地位，家庭背景通过教育进行隐性传递的趋势日渐明显。需要重视的是，2000年以来的高等教育扩招并没有明显改善低社会经济地位家庭的子女难以获得更好教育的情况，教育不平等制约着社会的代际流动性。

第七章　结论与讨论

本章将对本研究的主要结论进行梳理和总结，进一步指出本研究的理论意义与实际价值，同时指出本研究的不足之处，并对今后的研究提出一些值得继续关注和讨论的因素和方向。

第一节　主要结论

本书从劳动力市场分割理论视角出发，从部门分割下的代际流动、行业分割下的代际流动以及职业分割下的代际流动三个方面系统考察了转型时期中国城市劳动力市场分割状况是如何影响个人的职业地位获得的。研究发现，在经济体制改革以及劳动体制改革的转型过程中，虽然经济运行机制和雇佣双方的劳动关系发生了巨大的转变，但阶层相对关系依然呈现继承性特征占主导地位的"再生产"模式，即父代资源依然在很大程度上决定了子代的工作部门、行业和职业的进入与流动；而且，这更明显地表现在优势阶层（具体包括国有部门、高收入行业、精英职业）的阶层地位"再生产"上。因此，本书的研究支持了以往的阶层地位"再生产模式"，而没有支持"双重流动模式"。

具体而言，本书的研究有如下几个发现。

一 部门分割性的弱化与行业、职业分割性的增强

本书分析了1978～2010年我国城市劳动力市场的结构变迁过程，发现随着改革的进程推进，劳动力市场各个层面分割状况的强弱趋势有所变化。

首先，伴随市场经济体制改革，我国城市在政府控制的国有经济部门和集体经济部门之外，发展出了大量以市场为主导的私有经济部门，大大改变了过去部门的单一所有制结构。因此，伴随市场化改革的深入，城市劳动力市场的部门分割（主要表现为国有部门与非国有部门之间的分割）一直存在，但二者之间的分割性在改革深入期表现出弱化趋势。

其次，在城市劳动力市场部门分割逐渐弱化的同时，以行业收入差距扩大为表征的行业分割却日益明显。尽管十六大以后我国政府开始大力推进垄断行业改革，近年垄断行业的改革初见成效，除了金融业外，以电力、交通等为主导的垄断行业与非垄断行业的工资差距有所缩小，以信息传输、计算机服务和软件业为代表的高科技行业的工资收入明显上升。但是，电力、采矿、交通、房地产这些行业的工资收入明显高于平均水平，前一阶段形成的"垄断－开放"格局仍未改变。

最后，在职业结构方面，我国的职业分割并非以往简单的主要劳动力市场和次要劳动力市场的划分，而是伴随我国产业结构的不断调整、职业结构的变迁和职业分工体系的完善，一个中间职业阶层在不断崛起。这表现在管理人员的比重变化不大，商业、服务业从业人员人数大幅上升，技术人员、办事人员和有关人员比重也在上升，工人和农民比重则在下降等几个

方面。因此，精英职业、中间职业和低端职业之间呈现较为明显的分割特征。

二 代际部门流动趋于开放、代际行业流动趋于封闭

本书依次考察了不同分割条件下的代际流动状况。

首先，在代际部门流动方面，整体上，转型时期城市的代际部门流动模式属于继承性效应和结构壁垒效应同时存在，这使得子代很难跨越流动到与父代工作部门类别差异较大的工作部门。同时，在改革的不同阶段，父代资源对子代进入不同工作部门的作用也在发生变化。在改革初期和改革中期，父代在国有部门工作对子代进入国有部门和目前国有部门工作获得都具有显著影响；但是在改革深化期，这种影响不再显著。这表明随着改革的深入，部门分割对代际部门流动的影响有所减弱。此外，无论在改革的哪个时期子代受教育程度对进入国有部门和目前子代国有部门工作获得都有着显著的积极影响，人力资本依然是个体进入较好工作部门的重要影响因素。

其次，在代际行业流动方面，与代际部门流动类似，整体上转型时期城市代际行业流动仍然属于继承性效应和结构性流动同时存在。也就是说，一方面，父代的行业与子代的行业之间有明显的关联性，但子代向与自己行业距离相近行业的流动可能性也很大。另一方面，随着改革的深入，父代从事高收入行业对子代进入高收入行业具有积极影响，且影响日趋明显。而无论在改革的哪个时期，子代受教育程度对子代进入高收入行业都具有重要作用。此外，在改革深化期，父代受教育程度对子代进入高收入行业具有显著影响，这意味着家庭文化资本对子代从事高收入行业的作用在增强。

最后，在职业分割下的代际流动方面，整体上转型时期我国城市代际职业流动模式同样属于继承性效应和结构性流动同时存在。也就是说，一方面，父代的职业与子代的职业之间有具有一定的关联性，但子代可以向不同的职业进行自由流动。另一方面，在控制了父代工作部门和父代行业等因素之后，发现父代职业对子代获得中间职业或精英职业没有影响。而子代受教育程度对子代获得中间职业或精英职业一直有着积极作用。需要说明的是，由于子代的职业地位获得可能受到父代职业、部门、行业、教育等因素的综合影响，但由于样本量的限制，纳入太多的变量使数据拟合不好，因此本书只分析了改革以来整体的职业地位获得，而没有讨论不同改革阶段职业地位获得的变化，同时对这部分的统计结果也需要持谨慎态度。

因此，国家需要通过各种直接或间接的社会政策，干预劳动力市场中存在的各种流动壁垒，特别是打破行业流动壁垒，并大力促进教育机会和质量公平，从而保障社会流动渠道的通畅，以促进社会结构的开放和稳定发展。

三 家庭背景通过教育进行"隐性传递"日趋明显

本书将部门地位、行业地位和职业地位整合为综合的社会地位，以反映中国社会的阶层差异。我们通过修正测量结构的地位获得模型，对城市居民的职业地位获得过程进行了分析，探讨家庭背景因素及子代受教育程度对于子代社会地位获得的影响机制和作用大小。

研究发现，随着改革的深入，家庭背景对子代受教育程度的作用在明显增强。同时，子代受教育程度对子代的初职同样具有显著影响。另外，尽管从改革中期开始，子代初职地位对子代现职地位的影响有所下降，但依然十分显著。因此，结合几方面的情况可以得出，随着改革的深入，家庭背景通过教育这一中介进行代际地位的"隐性传递"趋势更加明显。因此，政府需要努力保证各个阶层子女拥有公平的受教育机会，并进一步提升教育质量，尤其是对经济欠发达的农村地区和西部地区，以降低家庭投资教育的成本。

总体来看，经济体制转型30多年以来，伴随劳动力市场的结构变迁，由制度性因素导致的劳动力市场分割对代际流动产生了重大影响，只有经济体制的转型才能改变社会资源既有分配格局，促进代际长距离流动，阻止社会阶层的"固化"。如果说个体起点上的不平等是既定的，难以改变，那么个体在劳动力市场中的职业流动过程中的不平等应该是相对容易改变的。健全的劳动力市场能够减轻市场的分割程度，所以通过进一步改革并消除劳动力市场中造成不平等的政策措施和制度，为劳动力的流动提供更自由、公平的竞争平台，将能有效地缓解中国面临的社会不平等问题。

第二节　主要的贡献与不足

一　主要的贡献

本书主要的贡献表现在以下几方面。

首先，在既有的研究中，采用劳动力市场分割视角来研究我国转型时期劳动者代内流动的研究较多，代际流动的研究则尚不多见。本书从劳动力市场多重分割视角出发，证明了部门分割、行业分割和职业分割对个体的职业地位获得具有重要影响，因为劳动力市场的分割性会对个体的代际流动形成障碍，使阶层之间结构壁垒效应增强，社会趋于封闭而非开放，从而影响整个社会的公平和稳定。这一分析框架对理解中国社会的代际流动与社会结构转型具有一定的理论意义。

其次，本书试图对国内学者已提出的"阶层再生产机制"和"双重流动机制"进行验证和回应。研究结果在一定程度上支持了"阶层再生产机制"。但可以看到，随着改革的深入，在代际部门流动和职业流动方面，再生产的效应已经有所弱化。而行业可能是一个新的结构性因素，本书进一步考察了其对代际流动的影响和作用变化。

最后，本书较为系统地分析和比较了改革以来不同工作同期群的代际流动影响因素和可能的影响路径。着重探讨了家庭背景的决定因素，以及家庭背景和个人受教育程度对子代职业地位获得的作用，并通过结构方程模型对不同工作同期群城镇居民的职业地位获得过程进行了比较分析。研究发现，随着改革进程的推进，家庭背景对子代受教育程度的影响在不断增强，而子代受教育程度对子代的职业地位获得一直有着显著的积极影响。换言之，改革以来我国城市居民的代际地位传递越来越体现出以教育为中介的"隐性传递"特征。这为以后的研究提供了重要的分析基础。

二 存在的不足

当然，本书也存在明显的不足，主要表现在以下几方面。

首先，本书试图采用"结构变迁与个人流动机会"分析框架，从宏观制度、结构变迁与个人流动机会的动态分析来揭示30多年来经济体制改革及伴随的劳动体制改革对中国城镇居民职业生活的影响。但是，由于数据缺乏工作史中的时间变量，无法采用事件史分析，依然属于"结构变迁与个人流动机会"分析框架中的"半静态"分析。

其次，本书试图突出行业作为一个对劳动力市场影响日益重要的结构性因素，会给个体的职业地位获得造成一定的影响。但研究结论并没有充分地证明这一点。一方面可能是由于样本量的限制，另一方面也有可能是行业对个体职业地位获得的分析逻辑还需要进一步厘清。

再次，本书的第三章、第四章分析了部门分割和行业分割对子代目前工作部门和目前行业的影响。但是，相比子代"进入部门/行业模型"（AC 模型），子代"目前部门/行业获得模型"中只增加"工龄""是否换过工作"两个变量依然无法分解时期效应和同期群效应，并不是严格意义上的 APC 模型。

最后，在现实经济社会生活中，劳动力市场多重分割的存在状态和相互关系是复杂的，同时划分的标准也尚不统一。尽管研究发现代际部门流动趋于开放，而代际行业流动趋于封闭，但我们不能验证在部门分割和行业分割条件下处于优势阶层的群体（如国家公共机构和高收入行业从业者）是不是同一类群体，他们的子代是否都处于工作部门和行业的优势阶层，社会是否趋于各种社会资源都被优势阶层所控制的"结晶化"（Crystallization）社会结构。

上述不足正是未来研究应该不断深入分析和解决的。未来的研究应该注意讨论具体制度与结构变迁对个体生活机会、流动机会的影响，注意社会分化与流动的现实过程及机制。只有这样，才可以让中国的社会分层与不平等研究为世界的相关研究提供独特的理智资源。

第三节 需进一步研究的问题

尽管当前国内社会流动的相关研究成果汗牛充栋，但是代际流动依然有深入研究的空间，包括以下几个方面。

一 对职业地位的界定

尽管社会分层和代际流动研究已经是一个历时多年、著述丰富的研究领域，但是，在已有对中国社会的研究中，有关职业地位的界定还不太清楚，如职业地位是否能等同于社会经济地位？单位地位是否还是一个有效测量个体职业地位的指标？目前国内依然没有通用的、反映中国社会现状的社会经济地位指数标准，国外社会经济地位指数也只停留在1987年的ISCO-88阶段。近20年来伴随社会经济发展，职业日趋多样化，职业地位的内涵也在不断变化和分化，但ISCO编码并未更新，今后需要进一步进行研究。

二 家庭背景、教育质量与职业地位获得间关系的细致考察

本书的结论和以往的大多数研究的结论一致，都证明了家庭背景通过教育这一中介变量对职业地位获得具有非常重要的影响。但是，由于样本量的限制，本书无法进一步分析家庭背景、子代就读学校教育质量（同一教育层次内部的不同部分间的教育差异，如"重点学校"与"非重点学校"之间的教育质量差异）和子代职业地位获得三者之间的作用机制及大小。但此问题值得进一步研究。

三　区域性改革、地域流动与职业地位获得

我国进行的经济体制改革整体来说是区域性的，带来了地区之间经济增长水平的差异。同时，改革以来中国城市和农村的居民都发生了较高水平的地域流动。从劳动力市场自由发育角度来看，地域流动应该促进个体的职业地位获得，因为它更能实现劳动力市场的合理配置。但是，由于劳动力市场多重分割状况的存在，三者间关系就变得复杂了，需要深入的研究加以厘清。

四　结构与行动的建构

"新结构主义视角"的研究通常属于强调结构和制度因素对个体流动机会影响的传统分析思路。而少数研究——如 Eyal、Szelenyi 和 Townsley（1998）的《制造没有资本家的资本主义：后共产主义中欧的阶级形成和精英斗争》对于转型社会提出了一种新的理论解释思路，它从结构与行动的互动角度来理解社会变迁过程，并在后社会主义国家社会分层研究领域产生了较大的影响。在分析思路上，该书延续了撒列尼的精英分析传统，即从精英变化视角来理解整个社会变迁的过程，并继承了撒列尼以往对"新阶级"（专业技术精英）作用的强调。更重要的是，它开了从结构与行动的互动角度来理解社会变迁过程的先河，将布迪厄的"社会再生产理论"以及"资本"、"社会空间"和"惯习"等概念引入分析，强调主体的行动在结构变迁中的作用和影响。因此，下一步的研究可以从社会结构与社会行动者之间的相互建构关系角度进行代际流动的分析。

总的来说，尽管社会分层与流动研究在美国等西方国家已经没有多少讨论的空间，但对于中国来说，社会分层与流动问题仍然具有充足的研究空间。因为它不仅与社会公平问题相关，更与社会结构的转型与稳定相关。在后两个问题没有得到恰当解决之前，这一研究方向和领域都值得我们不断关注和投入。

参考文献

中文文献

〔美〕甘泽尔姆、特莱曼、乌尔蒂，2003，《代际分层比较研究的三代及以后的发展》，宋时歌译，载清华社会学系主编《清华社会学评论》，社会科学文献出版社。

〔美〕吉尔伯特·罗兹曼主编，1988，《中国的现代化》，"比较现代化"课题组译，江苏人民出版社。

〔美〕威廉·阿瑟·刘易斯，1989，《劳动力无限供给条件下的经济发展》，载《二元经济论》，施炜、谢兵、苏玉宏译，北京经济学院出版社。

〔日〕今田高俊，1991，《社会阶层与政治》，赵华敏译，经济日报出版社。

白南生、李靖，2008，《城市化与中国农村劳动力流动问题研究》，《中国人口科学》第4期。

边燕杰、李路路、李煜、郝大海，2006，《结构壁垒、体制转型与地位资源含量》，《中国社会科学》第5期。

边燕杰、吴晓刚、李路路主编，2008，《社会分层与流动——国外学者对中国研究的新进展》，中国人民大学出版社。

边燕杰、张展新，2002，《市场化与收入分配：对1988年和1995

年城市住户收入调查的分析》,《中国社会科学》第 5 期。

边燕杰主编,2002,《市场转型与社会分层——美国社会学者分析中国》,三联书店。

蔡昉,1998,《二元劳动力市场条件下的就业体制转换》,《中国社会科学》第 2 期。

蔡昉、都阳、王美艳,2001,《户籍制度与劳动力市场保护》,《经济研究》第 12 期。

蔡昉、都阳、王美艳,2005,《中国劳动力市场转型与发育》,商务印书馆。

蔡昉主编,2008,《中国劳动与社会保障体制改革 30 年研究》,经济管理出版社。

蔡昉主编,2008,《中国劳动与社会保障体制改革 30 年研究》,经济管理出版社。

常凯主编,1995,《劳动关系、劳动者、劳权》,中国劳动出版社。

陈婴婴,1995,《职业结构与流动》,东方出版社。

陈钊、陆铭、佐藤宏,2009,《谁进入了高收入行业——关系、户籍与生产率的作用》,《经济研究》第 10 期。

陈钊、万广华、陆铭,2010,《行业间不平等:日益重要的城镇收入差距成因——基于回归方程的分解》,《中国社会科学》第 3 期。

迟福林,2010,《"十二五"改革当以政府转型为重点》,《中国改革》第 8 期。

丹尼尔·鲍威斯、谢宇,2009,《分类数据分析的统计方法》,社会科学文献出版社。

樊纲,1993,《两种改革成本与两种改革方式》,《经济研究》

第 1 期。

符平，2009，《倒"U"型轨迹与新生代农民的社会流动——新生代农民工的流动史研究》，《浙江社会科学》第 12 期。

傅娟，2008，《中国垄断行业的高收入及其原因：基于整个收入分布的经验研究》，《世界经济》第 7 期。

高勇，2009，《社会樊篱的流动——对结构变迁背景下代际流动的考察》，《社会学研究》第 6 期。

顾严、冯银虎，2008，《我国行业收入分配发生两极分化了吗——来自非参数 Kernel 密度估计的证据》，《经济评论》第 4 期。

郭丛斌，2004，《二元制劳动力市场分割理论在中国的验证》，《教育与经济》第 3 期。

郭丛斌，2009，《教育与代际流动》，北京大学出版社。

郭丛斌、丁小浩，2004，《职业代际效应的劳动力市场分割与教育的作用》，《经济科学》第 3 期。

郭宇强，2007，《我国人口的职业结构变化特征分析》，《首都经济贸易大学学报》第 1 期。

郭志刚，1999，《社会统计分析方法——SPSS 软件应用》，中国人民大学出版社。

豪特、迪普雷特，2009，《我们已经知道了什么：RC28 对社会分层研究的贡献》，卢云峰、李煜译，《社会学》第 2 期。

郝大海，2010，《流动的不平等：中国城市居民地位获得研究（1949–2003）》，中国人民大学出版社。

郝大海、李路路，2006，《区域差异改革中的国家垄断与收入不平等——基于 2003 年全国综合社会调查资料》，《中国社会科学》第 2 期。

郝大海、王卫东，2009，《理性化、市场转型与就业机会差异——中国城镇居民工作获得的历时性分析》，《中国社会科学》第 3 期。

金玉国，2005，《工资行业差异的制度诠释》，《统计研究》第 4 期。

晋利珍，2008，《改革开放以来中国劳动力市场分割的制度变迁研究》，《经济与管理研究》第 8 期。

晋利珍，2009，《劳动力市场行业分割在中国的验证》，《人口与经济》第 5 期。

晋利珍，2010，《劳动力市场双重二元分割下工资决定机制研究》，经济科学出版社。

赖德胜，1996，《论劳动力市场的制度性分割》，《经济科学》第 6 期。

李春玲，2005a，《断裂与碎片——当代中国社会阶层分化实证分析》，社会科学文献出版社。

李春玲，2005b，《当代中国社会的声望分层——职业声望与社会经济地位指数测量》，《社会学研究》第 2 期。

李汉林、渠敬东，2002，《制度规范行为——关于单位的研究与思考》，《社会学研究》第 5 期。

李建民，2002，《中国劳动力市场多重分隔及其对劳动力供求的影响》，《中国人口科学》第 2 期。

李骏、顾燕峰，2011，《中国城市劳动力市场中的户籍分层》，《社会学研究》第 2 期。

李路路，1999，《论社会分层研究》，《社会学研究》第 1 期。

李路路，2002，《制度转型与分层结构的变迁——阶层相对关系模式的"双重再生产"》,《中国社会科学》第 6 期。

李路路,2003a,《制度转型与阶层化机制的变迁——从"间接再生产"到"间接与直接再生产"并存》,《社会学研究》第 5 期。

李路路,2003b,《再生产的延续:制度转型与城市社会分层结构》,中国人民大学出版社。

李路路,2006,《再生产与统治——社会流动机制的再思考》,《社会学研究》第 2 期。

李路路、李汉林,1999,《单位组织中的资源获得》,《中国社会科学》第 6 期。

李路路、王奋宇,1992,《中国现代化进程中的社会结构及其变革》,浙江人民出版社。

李路路、朱斌,2015,《当代中国的代际流动模式及其变迁》,《中国社会科学》第 5 期。

李培林、田丰,2010,《中国劳动力市场人力资本对社会经济地位的影响》,《社会》第 1 期。

李强,1999,《中国大陆城市农民工的职业流动》,《社会学研究》第 3 期。

李强,2004,《转型时期中国社会分层》,辽宁教育出版社。

李实,1997,《中国经济转轨中劳动力流动模型》,《经济研究》第 1 期。

李实,1999,《中国农村劳动力流动与收入增长和分配》,《中国社会科学》第 2 期。

李实、马欣欣,2006,《中国城镇职工的性别工资差异与职业分割的经验分析》,《中国人口科学》第 5 期。

李晓宁,2008a,《国有垄断与所有者缺位:垄断行业高收入的成因与改革思路》,《经济体制改革》第 1 期。

李晓宁,2008b,《职业分割、性别歧视与工资差距》,《财经科学》第 2 期。

李晓宁、邱长溶,2007,《工资差异的国内研究综述》,《首都经济贸易大学学报》第 3 期。

李煜,2007,《家庭背景在初职地位获得中的作用及变迁》,《江苏社会科学》第 5 期。

李煜,2009,《代际流动的模式:理论理想型与中国现实》,《社会》第 6 期。

梁玉成,2006,《渐进转型与激进转型在初职进入和代内流动上的不同模式——市场转型分析模型应用于中国转型研究的修订》,《社会学研究》第 4 期。

梁玉成,2007a,《现代化转型与市场转型混合效应的分解——市场转型研究的年龄、时期和世代效应模型》,《社会学研究》第 4 期。

梁玉成,2007b,《市场转型过程中的国家与市场——一项基于劳动力退休年龄的考察》,《中国社会科学》第 5 期。

刘国光、董志凯,1999,《新中国 50 年所有制结构的变迁》,《当代中国史研究》第 5 期。

刘精明,2006a,《劳动力市场结构变迁与人力资本收益》,《社会学研究》第 6 期。

刘精明,2006b,《市场化与国家规制——转型期城镇劳动力市场中的收入分配》,《中国社会科学》第 5 期。

陆学艺主编,2000,《当代中国社会结构》,社会科学文献出版社。

陆学艺主编,2004,《当代中国社会流动》,社会科学文献出版社。

陆益龙，2008，《户口还起作用吗——户籍制度与社会分层和流动》，《中国社会科学》第 1 期。

路风，1989，《单位：一种特殊的社会组织形式》，《中国社会科学》第 1 期。

路风，1993，《中国单位体制的起源和形成》，《中国社会科学季刊》（香港）第 4 卷总第 5 期。

罗楚亮，2006，《垄断企业内部的工资收入分配》，《中国人口科学》第 1 期。

奈特、宋丽娜，1994，《中国城市工资差异的原因》，载赵人伟、格里芬主编《中国居民收入分配》，中国社会科学出版社。

聂盛，2004，《我国经济转型期间的劳动力市场分割：从所有制分割到行业分割》，《当代经济科学》第 6 期。

任重、周云波，2009，《垄断对我国行业收入差距的影响到底有多大》，《经济理论与经济管理》第 4 期。

沈士仓，1997，《现代企业制度建立中的劳动关系转换》，《南开经济研究》第 6 期。

孙立平、王汉生、王思斌、林彬、杨善华，1994，《改革以来中国社会结构的变迁》，《中国社会科学》第 2 期。

孙明，2011，《家庭背景与干部地位获得（1950－2003）》，《社会》第 5 期。

王春光，2001，《新生代农村流动人口的社会认同与城乡融合的关系》，《社会学研究》第 3 期。

王春光，2003，《中国职业流动中的社会不平等问题研究》，《中国人口科学》第 2 期。

王甫勤，2010，《人力资本、劳动力市场分割与收入分配》，《社会》第1期。

王俊豪，2009，《论深化中国垄断行业改革政策思路》，《中国行政管理》第9期。

王天夫、崔晓雄，2010，《行业是如何影响收入的——基于多层线性模型的分析》，《中国社会科学》第5期。

王学龙、袁易明，2015，《中国社会代际流动性之变迁：趋势与原因》，《经济研究》第9期。

吴晓刚，2007，《中国的户籍制度与代际职业流动》，《社会学研究》第6期。

吴愈晓，2011，《劳动力市场分割、职业流动与城市劳动者经济地位获得的二元路径模式》，《中国社会科学》第1期。

谢桂华，2008，《转型期的城市劳动力市场——关于下岗与再就业的实证研究》，中国人民大学出版社。

徐林清，2006，《中国劳动力市场分割问题研究》，经济科学出版社。

许欣欣，2000a，《当代中国社会结构变迁与流动》，社会科学文献出版社。

许欣欣，2000b，《从职业评价与择业取向看中国社会结构变迁》，《社会学研究》第3期。

许欣欣，2005，《社会、市场、价值观——从职业评价与择业取向看中国社会结构变迁再研究》，《社会学研究》第4期。

杨兰品、郑飞，2011，《中国垄断性行业收入分配问题研究述评》，《江汉论坛》第7期。

姚先国、谢嗣胜，2006，《职业隔离的经济效应》，《浙江大学学报》（人文社科版）第 2 期。

易定红、廖步宏，2005，《中国产业职业性别隔离的检验与分析》，《中国人口科学》第 4 期。

于吉，2011，《如何深化垄断行业收入分配制度改革》，《国有资产管理》第 1 期。

余红、刘欣，2004，《单位与代际地位流动——单位制在衰落吗》，《社会学研究》第 6 期。

岳希明、李实、史泰丽，2010，《垄断行业高收入问题探讨》，《中国社会科学》第 3 期。

翟振武、路磊等，1989，《现代人口分析技术》，中国人民大学出版社。

张曙光、程炼，2010，《中国经济转轨过程中的要素价格扭曲与财富转移》，《世界经济》第 10 期。

张展新，2004，《劳动力市场的产业分割与劳动人口流动》，《中国人口科学》第 2 期。

赵人伟、李实、李思勤主编，1999，《中国居民收入分配研究：经济改革和发展中的收入分配》，中国财政经济出版社。

折晓叶、陈婴婴，1995，《中国农村"职业—身份"声望研究》，《中国社会科学》第 6 期。

郑杭生、李路路等，2004，《当代中国城市社会结构现状与趋势》，中国人民大学出版社。

郑辉、李路路，2009，《中国城市的精英代际转化与阶层再生产》，《社会学研究》第 6 期。

郑路，1999，《改革的阶段性效应与跨体制职业流动》，《社会学研究》第 6 期。

中华人民共和国劳动和社会保障部主编，2007，《中国劳动和社会保障年鉴 2006》，中国劳动社会保障出版社。

周怡，2009，《布劳－邓肯模型之后——改造抑或挑战》，《社会学研究》第 6 期。

朱镜德，1999，《中国三元劳动力市场格局下的乡—城迁移研究》，中国经济出版社。

朱镜德，2001，《现阶段中国劳动力流动模式、就业政策与经济发展》，《中国人口科学》第 4 期。

英文文献

Averitt, R. T. 1968. *The Dual Economy: The Dynamics of American Industry Structure.* New York: Norton.

Baron J., and Bielby W. 1980. "Bringing the Firms Back in: Stratification, Segmentation, and the Organization of Work." *American Sociological Review*, 45: 737–765.

Baron J., and Newman A. 1990. "For What It's Worth: Organizations, Occupations, and the Value of Wok Done by Women and Nonwhites." *American Sociological Review*, 55: 155–175.

Beck E. M., Horan P., and Tolbert II, C. M. 1978. "Stratification in a Dual Economy: A Sectoral Model of Earnings Determination." *American Sociological Review*, 43: 704–720.

Bian Y. J., and J. R. Logan. 1996. "Market Transition and the Persistence of Power: The Changing Stratification System in Urban China." *American Sociological Review*, 61 (5): 739–58.

Bian Y. J. 1994. "Guanxi and the Allocation of Urban Jobs in China." *The China Quarterly*: 971–999.

Blau P., and Duncan O. D. 1967. *The American Occupational Structure.* New York: John Wiley and Sons Press.

Breen R., and Whelan C. T. 1996. *Social Class and Social Mobility in Ireland*. Dublin: Gill and McMillan.

Carlsson G. 1958. *Social Mobility and Class Structure*. Lund: Gleerup.

Chen P., and Edin P. A. 2006, "Efficiency Wages and Industry Wage Differentials: A Comparison across Methods of Pay." *Review of Economics and Statistics*, 84 (4): 617 – 631.

Croll E. J. 1999. "Social Welfare Reform: Trends and Tensions." *The China Quarterly*, 159: 685 – 699.

Davis D. 1992. "Job Mobility in Post-Mao Cities: Increases on the Margins." *The China Quarterly*, 159: 685 – 699.

Dickens W. T., and K. Lang. 1985. "A Test of Dual Labor-Market Theory." *American Economic Review*, 75: 792 – 805.

Dickens W. T., and K. Lang. 1988a. "Labor-Market Segmentation and the Union Wage Premium." *Review of Economics and Statistics*, 70: 527 – 530.

Dickens W. T., and K. Lang. 1988b. "The Reemergence of Segmented Labor-Market Theory." *American Economic Review*, 78: 129 – 134.

Doeringer P., and Piore M. J. 1971. *Internal Labor Markets and Manpower Analysis*. Lexington, MA: D. C. Health And Press.

Duncan O. D., Featherman D. L., and Duncan B. 1972. *Socio-economic Background and Achievement*. New York: Seminar Press.

Duncan O. D. 1961. "A Socioeconomic Index for All Occupations." in *Occupations and Social Status*, edited by A. J.

Reiss. New York: Wiley.

Erikson R., and Goldthorpe J. H. 1987a. "Commonality and Variation in Social Fluidity in Industrial Nations, Part 1: a model for evaluating the 'FJH hypothesis'." *Europe Sociological Review*, 3.

Erikson R., and Goldthorpe J. H. 1987b, "Commonality and Variation in Social Fluidity in Industrial Nations, Part 2: the model of core social fluidity applied." *Europe Sociological Review*, 3.

Erikson R., and Goldthorpe J. H. 1992. *The Constant Flux: A Study of Class Mobility in Industrial Societies*. Oxford: Clarendon Press.

Eyal G., Szelenyi I., and Townsley E. 1998. *Making Capitalism without Capitalist: The New Ruling Elites in Eastern Europe*. London: Verso Press.

Featherman D. L., and Hauser R. M. 1978. *Opportunity and Change*. New York: Academic Press.

Featherman D. L., Jones F. L., and Hauser R. M. 1975. "Assumptions of Social Mobility Research in the United States: The Case of Occupational Status." *Social Science Research*, 4: 329 – 260.

Fields, Gary. 2004. "Dualism in the Labor Market: A Perspective on the Lewis Model after half a century," *The Manchester School*, 72 (6): 724 – 735.

Fox T. G., and Miller S. M. 1956. "Economic, Political and Social Determinants of Mobility: An International Cross-sectional Cross-sectional Analysis," *Acta Sociologica*, 9: 76 – 93.

Ganzeboom H. B. G., Graaf, P. M. De, and Treiman D. J. 1992. "A Standard International Socio-economic Index of Occupational Status," *Social Science Research*, 21: 1 – 50.

Ganzeboom H. B. G., Treiman D. J., and Ultee W. C. 1991. "Comparative Intergenerational Mobility Research-Three Generations and Beyond," *Annual Review of Sociology* 17: 277 – 302.

Glass D. V. ed. 1954. *Social Mobility in Britain*. London: Routledge Press.

Granovetter M. 1973. "The Strength of Weak Ties," *American Journal of Sociology*, 78: 1360 – 1380.

Granovetter M. 1995. "Afterword." in *Getting A Job*. 2ed edition. Chicago: University of Chicago Press.

Grusky D. ed. 2001. *Social Stratification: Class, Race, and Gender in Sociological Perspective*. Boulder, Colo: Westview Press.

Hatt P. K. 1950. "Occupation and Social Stratification," *American Journal of Sociology* 55.

Hauser R. M. 1984a. "Vertical Class Mobility in Great Britain, France and Sweden," *Acta Sociologica*, 27.

Hauser R. M. 1984b. "Some Cross Population Comparisons of Family Bias in the Effects of Schooling on Occupational Status," *Social Science Research* 13.

Hauser, R. M. 1978. "A Structural Model of the Mobility Table." *Social Forces* 56: 919 – 53.

Hauser, R. M. 1979. "Some Exploratory Methods for Modeling Mobility Tables and Other Cross-classified Data." In: K. F. Schuessler (Ed.) *Sociological Methodology 1980* (pp. 413 –

458), San Francisco: Jossey-Bass.

Heckman and Sedlacek G. 1985. "Heterogeneity, Aggregation and Market Wage Functions: An Empirical Model of Self-Selection in the Labor Market," *Journal of Political Economy*, 11 (93): 1077 – 1125.

Heckman J. J., and Hotz V. J. 1986. "An Investigation of the Labor Market Earnings of Panamanian Males: Evaluating the Sources of Inequality," *Journal of Human Resource*, 21: 507 – 542.

Hodson R. 1984. "Companies, Industries, and the Measurement of Economic Segmentation," *American Sociological Review*, 49: 335 – 348.

Hout M., and DiPrete T. A. 2006. "What Have We Learned? RC28s Contribution to Knowledge About Social Stratification," *Research on Social Stratification and Mobility* 24: 1 – 20.

Hout M. 2004. "How Inequality May Affect Intergenerational Mobility," in Neckerman, K. M. *Social Inequality.* New York: Russell Sage Foundation, Chapter 26.

Hout, M. 1988. "More universalism and less structural mobility: The American occupational structure in the 1980s." *American Journal of Sociology* 93 (6): 1358 – 1400.

International Labor Organization. 1972. *Employment, Incomes and Equality: A Strategy or Increasing Productive Employment in Kenya.* Geneva.

Joreskog K. G. 1970. "A general Method for the Analysis of Covariance Structures," *Biometrika*, 57: 239 – 251.

Kalleberg A. L., and Sorensen A. B. R. 1979. "The Sociology of

Labor Markets," *Annual Review of Sociology*, 5: 351 – 379.

Kalleberg A. L., Wallace M., and Althauser R. 1981. "Economic Segmentation Worker Power, and Income Inequality," *American Journal of Sociology*, 87: 651 – 683.

Kerr C. 1954. "The Balkanization of Labor Markets." in *Labor Mobility and Economic Opportunity*. Cam-bridge, edited by E. W. Bakke. Mass: MIT Press.

Knight J., and Song L. 2005. *Towards a Labor Market in China*. Oxford: Oxford University Press.

Knight J., and Yueh L. 2009. "Segmentation or competition in China's urban labor market?" *Cambridge Journal of Economics*, 33: 79 – 94.

Krueger A., and Summers L. 1988. "Efficiency Wages and the Inter-industry Wage Structure," *Econometrica*, 56: 259 – 294.

Lenski G. E. 1966. *Power and Privilege: A Theory of Social Stratification*. New York: McGraw-Hill.

Lewis, W. A. 1954. "Economic Development with unlimited supply of labor." *The Manchester School* 22 (2): 139 – 191.

Lin N., and Xie, W. 1988. "Occupational Prestige in Urban China," *American Journal of Sociology*, 93.

Lin N., and Y. J. Bian. 1991. "Getting ahead in Urban China," *American Journal of Sociology*, 97 (3): 657 – 88.

Lin N. 1982. "Social resources and instrumental action." in *Social Structure and network Analysis*, edited by Marsden and Hills, CA: Sage. pp. 131 – 145.

Lipset S. M., and Bendix R. 1959. *Social Mobility in Industrial So-*

ciety. Berkeley: University California. Press.

Lipset S. M. , and Zetterberg H. L. 1956. "A Theory of Social Mobility," Trans. *Third World Cong. Sociol*, 2: 155 – 177.

Logan J. A. 1983. "A Multivariate Model for Mobility Tables," *American Journal of Sociology*, 89: 324 – 349.

Lu X. B. , and Perry E. J. ed. 1997. *Danwei: The Changing Chinese Workplace in Historical and Comparative Perspective*. Armork, New York: M. E. Sharpe.

Mark T. , and Luc V. 1996. "Labor Market Segmentation in Cameroonian Manufacturing," *The Journal of Development Studies*, 32 (6): 876 – 898.

Parish W. L. 1984. "Destratification in China." in *Class and Social Stratification in Post-Revolution China*, edited by James L. Watson. NewYork: Cambridge University Press.

Piore M. J. 1975. "Notes for a Theory of Labor Market Segmentation." in *Labor Market Segmentation*, edited by Edward R. C. et al. , pp. 125 – 150. Lexington, MA: D. C. Heath.

Reich M. , Gordon D. M. , and Edwards R. C. 1973. "A theory of labor Market Segmentation," *The American Economic Review*, 5: 359 – 365.

Reid L. W. , and Rubin B. A. 2003. "Integrating Economic Dualism and Labor Market Segmentation: The Effects of Race, Gender, and Structural Location on Earnings, 1974 – 2000," *Sociological Quarterly*, 44 (3): 405 – 432.

Reid L. W. , and Rubin B. A. 2003. "Integrating Economic Dualism and Labor Market Segmentation: the Effects of Race,

Gender, and Structural Location on Earnings, 1974 – 2000," *Sociological Quarterly*, 44 (3): 405 – 432.

Ryder N. B. 1965. "The Cohort as A Concept in the Study of Social Change," *American Sociological Review*, 30 (6): 843 – 861.

Schurmann F. 1996. *Ideology and Organization in Communist China*. Berkeley and Los Angeles: University of California Press.

Sewell I., and Hauser R. M. 1975. *Education, Occupation and Earnings: Achievement in the Early Career*. New York: Academic Press.

Stolzenberg R. M. 1975. "Occupations, Labor Markets and the Process of Wage Attainment," *American Sociological Review* 40: 645 – 655.

Szelenyi Ivan, and Kostello E. 1996. "The Market Transition Debate: Toward a Synthesis?" *American Journal of Sociology*, 101.

Tigges L. 1988. "Age, Earnings, and Change within the Dual Economy," *Social Forces*, 66 (3): 676 – 698.

Treiman D. J. 1970. "Industrialization and Social Stratification," *Social Stratification: Research and Theory for the 1970s*, edited by Laumann, E. Indianapolis: Bobbs Merrill.

Walder A. 1986. *Communist Neo-Traditionalism: Work and Authority in Chinese Industry*. Berkeley: University of California Press.

Walder A. 1992. "Property Rights and Stratification in Social Redistributive Economics," *American Sociological Review*, 57:

524 – 539.

Walder A. 1995. "Career mobility and the Communist Political Order," *American Sociological Review*, 60.

Walder A. 1996. "Markets and Inequality in Transitional Economies: Toward Testable Theories," *American Journal of Sociology*, 101: 1060 – 1073.

Whyte M. K., and Parish W. L. 1984. *Urban Life in Contemprary China*. Chicago, IL: University of Chicago Press.

Whyte, M. K. 1975. "Inequality and Stratification in China." *China Quarterly* 65: 684 – 711.

Wright E. O., and Perrone L. 1977. "Marxist Class Categories and Income Ineqality," *American Sociological Review*, 42: 32 – 55.

Wright E. O. 1978. "Race, Class, and Income Inequality," *American Journal of Sociology*, 83: 1368 – 1397.

Wright E. O. 1979. *Class Structure and Income Determination*. New York: Academic Press.

Xie Y. 1992. "The log-Multiplicative Layer Effect model for Comparing Mobility Tables," *American Sociological Review*, 57 (3): 380 – 395.

Zang X. W. 2002. "Labor Market Segmentation and Income Inequality in Urban China," *The Sociological Quarterly*, 43 (1): 27 – 44.

Zhou X. G., Tuma N. B., and Moen P. 1996. "Stratification Dynamics under State Socialism: The Case of Urban China, 1949 – 1993," *Social Forces*, 74: 759 – 796.

Zhou X. G., Tuma N. B., and Moen P. 1997. "Institutional

Change and Job-shift Patterns in Urban China, 1949 to 1994," *American Sociological Review*, 62: 339 – 365.

Zhou X. G. 2000. "Economic Transformation and Income Inequality in Urban China: Evidence from Panel Data," *American Journal of Sociology*, 105: 1135 – 1174.

附 录

附录 A 各行业平均收入排序

单位：元

行业	1978年 平均收入	1978年 排序	1980年 平均收入	1980年 排序	1985年 平均收入	1985年 排序	1989年 平均收入	1989年 排序	1990年 平均收入	1990年 排序	1991年 平均收入	1991年 排序	1992年 平均收入	1992年 排序	1993年 平均收入	1993年 排序
农、林、牧、渔业	470	3	616	3	878	3	1389	2	1541	2	1652	2	1828	2	2042	1
采掘业	676	12	854	13	1324	14	2378	16	2718	16	2942	16	3209	14	3711	9
制造业	597	8	752	9	1112	6	1900	7	2073	4	2289	7	2635	4	3348	4

续表

行业	1978年 平均收入	1978年 排序	1980年 平均收入	1980年 排序	1985年 平均收入	1985年 排序	1989年 平均收入	1989年 排序	1990年 平均收入	1990年 排序	1991年 平均收入	1991年 排序	1992年 平均收入	1992年 排序	1993年 平均收入	1993年 排序
电力、燃气及水的生产供应业	850	16	1035	16	1239	11	2241	15	2656	15	2922	15	3392	16	4319	15
建筑业	714	15	855	14	1362	15	2166	12	2384	11	2649	12	3066	10	3779	12
交通运输、仓储和邮电通信业	694	13	832	11	1275	13	2197	13	2426	13	2686	13	3114	12	4273	14
批发零售贸易和餐饮业	551	6	692	4	1007	4	1660	3	1818	3	1981	3	2204	3	2679	2
金融、保险业	610	9	720	8	1154	9	1867	4	2097	5	2255	5	2829	8	3740	11
房地产业	548	5	694	5	1028	5	1925	8	2243	10	2507	10	3106	11	4320	16
社会服务业	392	2	475	2	777	2	1926	9	2170	8	2431	9	2844	9	3588	8
卫生、体育和社会福利业	573	7	718	7	1124	7	1959	10	2209	9	2370	8	2812	7	3413	6
教育、文化、艺术和广播、电影、电视业	545	4	700	6	1166	10	1883	6	2117	7	2243	4	2715	5	3278	3
国家机关、党政机关和社会团体	655	10	800	10	1127	8	1874	5	2113	6	2275	6	2768	6	3505	7
地质勘探业和水利管理业	708	14	895	15	1406	16	2199	14	2465	14	2707	14	3222	15	3717	10
科学研究和综合技术服务业	669	11	851	12	1272	12	2118	11	2403	12	2573	11	3115	13	3904	13
其他	0	1	0	1	0	1	0	1	0	1	0	1	0	1	3371	5

续表

行业	1994年 平均收入	1994年 排序	1995年 平均收入	1995年 排序	1996年 平均收入	1996年 排序	1997年 平均收入	1997年 排序	1998年 平均收入	1998年 排序	1999年 平均收入	1999年 排序	2000年 平均收入	2000年 排序	2001年 平均收入	2001年 排序
农、林、牧、渔业	2819	1	3522	1	4050	1	4311	1	4528	1	4832	1	5184	1	5741	1
采掘业	4679	4	5757	6	6482	7	6833	6	7242	4	7521	3	8340	3	9586	4
制造业	4283	3	5169	3	5642	3	5933	3	7064	3	7794	4	8750	5	9774	5
电力、燃气及水的生产供应业	6155	13	7843	16	8816	16	9649	15	10478	15	11513	14	12830	14	14590	14
建筑业	4894	5	5785	7	6249	5	6655	4	7456	5	7982	5	8735	4	9484	3
交通运输、仓储和邮电通信业	5690	12	6948	13	7870	12	8600	12	9808	12	10991	12	12319	12	14167	13
批发零售贸易和餐饮业	3537	2	4248	2	4661	2	4845	2	5865	2	6417	2	7190	2	8192	2
金融、保险业	6712	16	7376	15	8406	15	9734	16	10633	16	12046	16	13478	15	16277	15
房地产业	6288	15	7330	14	8337	14	9190	14	10302	14	11505	13	12616	13	14096	12
社会服务业	5026	8	5982	10	6778	9	7553	10	8333	9	9263	9	10339	9	11869	8
卫生、体育和社会福利业	5126	9	5860	8	6790	10	7599	11	8493	11	9664	10	10930	10	12933	11
教育、文化、艺术和广播、电影、电视业	4923	6	5435	4	6144	4	6759	5	7474	6	8510	6	9482	6	11452	7
国家机关、党政机关和社会团体	4962	7	5526	5	6340	6	6981	8	7773	7	8978	8	10043	8	12142	9
地质勘探业和水利管理业	5450	11	5962	9	6581	8	7160	9	7951	8	8821	7	9622	7	10957	6
科学研究和综合技术服务业	6162	14	6846	12	8048	13	9049	13	10241	13	11601	15	13620	16	16437	16
其他	5213	10	6295	11	7184	11	6838	7	8481	10	10068	11	11098	11	12590	10

续表

行业	2002年 平均收入	2002年 排序	2003年 平均收入	2003年 排序	2004年 平均收入	2004年 排序	2005年 平均收入	2005年 排序	2006年 平均收入	2006年 排序	2007年 平均收入	2007年 排序	2008年 平均收入	2008年 排序	2009年 平均收入	2009年 排序
农、林、牧、渔业	6398	1	6884	1	7497	1	8207	1	9269	1	10847	1	12560	1	14356	1
采掘业	11017	5	13627	6	16774	7	20449	9	24125	12	28185	12	34233	12	38038	12
制造业	11001	4	12671	5	14251	5	15934	5	18225	5	21144	5	24404	5	26810	5
电力、燃气及水的生产供应业	16440	14	18574	13	21543	13	24750	13	28424	13	33470	13	38515	13	41869	13
建筑业	10279	3	11328	3	12578	2	14112	2	16164	3	18482	3	21223	3	24161	3
交通运输、仓储和邮电通信业	16044	13	15753	10	18071	9	20911	12	24111	11	27903	10	32041	9	35315	8
批发零售贸易和餐饮业	9398	2	11046	2	12815	3	14566	4	16516	4	19060	4	22570	4	25000	4
金融、保险业	19135	16	20780	15	24299	15	29229	15	35495	15	44011	15	53897	15	60398	16
房地产业	15501	12	17085	12	18467	12	20253	8	22238	7	26085	7	30118	7	32242	7
社会服务业	13499	8	14843	7	16202	6	18490	6	21270	6	24089	6	27887	6	30333	6
卫生、体育和社会福利业	14795	11	16185	11	18386	11	20808	11	23590	10	27892	9	32185	10	35662	10
教育、文化、艺术和广播、电影、电视业	13290	7	15644	9	18304	10	20465	10	23383	9	28169	11	31995	8	36149	11
国家机关、党政机关和社会团体	13975	9	15355	8	17372	8	20234	7	22546	8	27731	8	32296	11	35326	9
地质勘探业和水利管理业	12303	6	11774	4	12884	4	14322	3	15630	2	18383	2	21103	2	23159	2
科学研究和综合技术服务业	19113	15	20442	14	23351	14	27155	14	31644	14	38432	14	45512	14	50143	14
其他	14215	10	30897	16	33449	16	38799	16	43435	16	47700	16	54906	16	58154	15

注：每个年份的行业共16类，按当年平均收入排序之后，进行合并。由于2003年之后没有其他项，所以合并方式有两种。1978~2002年：1-3=1；4-9=2；10-16=3；2003~2009年：1-5=1；6-9=2；10-16=3。

资料来源：历年《中国统计年鉴》。

附录 B 地位获得模型的相关矩阵与命令行

本研究一共分析了四个结构方程模型，分别是 1978~2010 年总模型和各分时期（1978~1991 年；1992~2002 年；2003~2010 年）各模型。各模型仅样本数据不同，模型设置完全相同。以下是 2003~2010 年时期的模型的相关矩阵与命令行。

DA NI=11 NO=323 MA=KM
LA
S1EDU S1SEC S1SEI S1INDN SSEC SINDN SSEI FEDU FSEI FSEC FINDN
KM SY

1										
0.4278	1									
0.439	0.4625	1								
0.3637	0.4059	0.4265	1							
0.4663	0.7803	0.379	0.3264	1						
0.337	0.3232	0.3816	0.836	0.2788	1					
0.425	0.319	0.668	0.2788	0.3105	0.287	1				
0.3037	0.234	0.2311	0.2052	0.2158	0.2141	0.3193	1			
0.2833	0.1592	0.2036	0.2663	0.1694	0.2473	0.2139	0.1511	0.4243	1	

```
0.4536  0.2448  0.2958  0.2604  0.2827  0.1768  0.3943  0.5898  1
0.3334  0.186   0.2316  0.238   0.3121  0.1761  0.3392  0.5663  0.6608  1

MO NX = 4 NY = 7 NE = 4 LX = ID LY = FU, FI BE = FU, FI GA = FU, FI TE = SY, FI PS = DI, FI PH = SY, FR
FR GA 1 1 GA 1 2 GA 1 3 GA 1 4
FR BE 3 1 BE 4 1
FR BE 3 2 BE 4 2 BE 4 3
FR TE 2 2 TE 3 3 TE 4 4 TE 5 5 TE 6 6 TE 7 7 TE 5 2 TE 7 3 TE 6 4
FR LY 3 3 LY 4 3 LY 6 4 LY 7 4
FR PS 2 2 PS 3 3 PS 4 4
ST 1.0 LY 1 2 LY 2 3 LY 5 4 BE 2 1
LE
FS S1EDU S1S SS
PD
OU MI SC SS TO
```

附录 C　本书所使用的中国家庭动态跟踪调查（2010）问卷相关问题

家庭问卷（一）

1. 同住家庭成员表（T1 表）

个人编码	1. 姓名	2. 是否健在	3. 出生年月日	4. 年龄	5. 性别	6. 婚姻状况	7. 最高学历	8. 主要工作
101								
102								
301								
302								

2. 家庭成员直系亲属关系表（T2 表）

个人编码	姓名	父亲	母亲	配偶	孩1	孩2	孩3	孩4	孩5	孩6
101										
102										

3. 家庭成员不同住直系亲属列表（T3 表）

个人编码	姓名	父亲	母亲	配偶	孩1	孩2	孩3	孩4	孩5	孩6
101										
102										

成人问卷 （节选）

A 部分

A1 请问您的出生日期：_____年_____月_____日

A102 请问您的出生地是_____省_____市_____县（区）

A2 您现在的户口状况是：

1. 农业户口　　　　　　　　3. 非农户口

5. 没有户口（跳至 A3）　　79. 不适用（跳至 A3）

A201 您现在的户口落在什么地方？_____省_____市_____县（区）

C 部分

C1 请问，到目前为止，您已完成（毕业）的最高学历是？

1. 文盲/半文盲（跳至 D1）　　2. 小学（跳至 C701）

3. 初中（跳至 C601）　　　　4. 高中（跳至 C501）

5. 大专（跳至 C401）　　　　6. 大学本科（跳至 C301）

7. 硕士（跳至 C201）　　　　8. 博士（跳至 C101）

9. 不必念书（屏蔽）

C101 请问，您读博士期间是脱产还是在职？

1. 脱产　　　　　　　　　　5. 在职

C104 请问，您是哪年博士毕业/肄业/结业的？_____年

C105 请问，您博士读了几年？_____年

C106 请问，您在哪个学校读的博士？_____

C107 请问，您是否获得了博士学位？

1. 是　　　　　　　　　　　5. 否

C2 请问您是否读过硕士？

1. 是 5. 否（跳至 C3）

C201 请问，您读硕士期间是脱产还是在职？

1. 脱产 5. 在职

C204 请问，您是哪年硕士毕业/肄业/结业的？＿＿＿＿＿年

C205 请问，您硕士读了几年？＿＿＿＿＿年

C206 请问，您在哪个学校读的硕士？＿＿＿＿＿＿＿＿＿

C207 请问，您是否获得了硕士学位？

1. 是 5. 否

C3 请问您是否读过本科？

1. 是 5. 否（跳至 C4）

C301 请问，您读的是哪类本科？

1. 普通本科 2. 成人本科

3. 网络本科 77. 其他（请注明）＿＿＿＿＿

C304 请问，您是哪年本科毕业/肄业/结业的？＿＿＿＿＿年

C305 请问，您本科读了几年？＿＿＿＿＿年

C306 请问，您在哪个学校读的本科？＿＿＿＿＿＿＿＿＿

C307 请问，您是否获得了学士学位？

1. 是 5. 否

C4 请问您是否读过大专？

1. 是 5. 否（跳至 C5）

C401 请问，您读的是哪类大专？

1. 普通专科 2. 成人专科

3. 网络专科 77. 其他（请注明）＿＿＿＿＿

C404 请问，您是哪年大专毕业/肄业/结业的？＿＿＿＿＿年

C405 请问，您大专读了几年？＿＿＿＿＿年

C406 请问，您在哪个学校读的大专？_____

C407 请问，您是否获得了大专毕业证书？

1. 是　　　　　　　　　　5. 否

C5 请问您是否读过高中？

1. 是　　　　　　　　　　5. 否（跳至 C6）

C501 请问，您上的是哪类高中？

1. 普通高中　　　　　　　2. 成人高中

3. 普通中专　　　　　　　4. 成人中专

5. 职业高中　　　　　　　6. 技工学校

C502 请问，您是哪年高中毕业/肄业/结业的？_____年

C503 请问，您高中读了几年？_____年

C504 请问，您在哪个学校读的高中？_____

C505 请问，您是否获得了高中毕业证书？

1. 是　　　　　　　　　　5. 否

C6 请问您是否读过初中？

1. 是　　　　　　　　　　5. 否（跳至 C7）

C601 请问，您上的是哪类初中？

1. 普通初中　　　　　　　3. 成人初中

5. 职业初中

C602 请问，您是哪年初中毕业/肄业/结业的？_____年

C603 请问，您初中读了几年？_____年

C604 请问，您在哪个学校读的初中？_____

C605 请问，您是否获得了初中毕业证书？

1. 是　　　　　　　　　　5. 否

C7 请问您是否读过小学/私塾？

1. 是　　　　　　　　　　5. 否（跳至 C8）

C701 请问,您上的是哪类小学?

1. 普通小学 3. 成人小学

5. 扫盲班

C702 请问,您是哪年小学毕业/肄业/结业的?_____年

C703 请问,您读了几年小学?_____年

C704 请问,您在哪个学校读的小学?_____

C705 请问,您是否获得了小学毕业证书?

1. 是 5. 否

G 部分

G3 您现在有工作吗?

访员注意:工作含务农、自雇。

1. 有 5. 没有

(CAPI)

#01 如果 G3 选择"1",且 A1 受访者年龄大于等于 45 岁时,则继续提问 G301。

#02 如果 G3 选择"1",且 A1 受访者年龄小于 45 岁时,跳至 G303。

#03 如果 G3 选择"5",且 D3 选择"1"(正在上学)则跳至 T 部分。

#04 如果 G3 选择"5",且 D3 选择"5"(没有上学)则跳至 J1。

G301 您是否已经离/退休(包含病退、内退等非正式退休)?

1. 是 5. 否(跳至 G303)

G302 离/退休后您继续从事工作或劳动的原因(单选):

1. 退休后没再工作

2. 补贴家用

3. 打发时间

4. 喜欢工作或劳动

5. 多赚点钱

6. 精力/体力充沛

77. 其他（请注明）_____

G303 您现在主要是在哪个机构工作？

1. 自己经营（跳至 G305）

3. 在单位工作（询问具体单位名称）

5. 务农（跳至 G306）

G304 您现在工作单位的名称？_____

G305 请问，您现在主要工作的机构属于？（出示卡片）

1. 政府部门/党政机关/人民团体/军队

2. 国有/集体事业单位/院/科研院所

3. 国有企业/国有控股企业

4. 集体企业

5. 股份合作企业/联营企业

6. 有限责任公司/股份有限公司

7. 私营企业

8. 港/澳/台商投资企业

9. 外商投资企业

10. 农村家庭经营

11. 个体工商户

12. 民办非企业组织

13. 协会/行会/基金会等社会组织

14. 社区居委会/村委会等自治组织

77. 其他（请注明）＿＿＿＿＿＿＿＿＿＿＿＿＿＿＿＿＿＿

17. 无法判断

G306 您的职业是？＿＿＿＿＿＿＿＿＿＿＿＿＿＿＿＿＿＿

G307 您的职业属于哪一类？ |＿|＿|＿|

G308 您工作属于哪个行业？ |＿|＿|＿|

（CAPI） 如果 G303＝5，回答完 G308 后跳至 G311。

G309 您是否有行政/管理职务？

1. 是　　　　　　　　5. 否（跳至 G311）

G310 您的行政/管理职务是什么？＿＿＿＿＿＿＿＿＿＿＿

G311 请问，您从哪年开始在现在的单位工作/务农的？＿＿＿＿年

G6 您现在的工作是您的第一份工作吗？

1. 是（跳至 G7）　　　　5. 不是

G601 您的第一份工作是什么？请说明＿＿＿＿＿＿＿＿＿

K 部分

K1 下面的问题涉及<u>去年</u>您<u>个人</u>的各项<u>非经营性收入</u>情况（出示卡片）

K101 去年您平均每月工资有多少？＿＿＿＿元

K102 去年您平均每月的浮动工资、加班费以及各种补贴和奖金有多少？＿＿＿＿元

K103 去年您的年终奖金等有多少？＿＿＿＿元

K104 去年，您单位发放的实物折合现金有多少？＿＿＿＿元

（CAPI） 如果 G7＝5，则跳过 K105。

K105 去年，第二职业、兼职或临时性收入（含实物折合现金）合计＿＿＿＿元

K106 去年，其他劳动收入合计_____元

K107 去年，离/退休金合计_____元

K2 去年，个体（私营）经营者的净收益合计_____元（即除此以外，没有其他工资性收入的）

索 引

部门地位　155

部门分割　6，10，36，38～39，50～51，62，64，71～73，76，83～84，89～90，93，100，110，149，151～154，156，158

产权变形论　1，22，47

代际流动　2～4，6～7，9，11～12，14～15，18～19，21～23，26～28，30，39，45，47，49～52，62，78，90，92，107，119，121，149～152，154～157，159～160

单位制　4，8，49，64

地位获得模型　10，13～14，18，20～21，25，51～52，77，142～143，145，147，149～150，155

地位再生产　26，30，150

对数线性模型　14～15，18，57，76～78，110，130

多重分割　5，9，37，46，50～51，147，150，156，158，160

二元劳动力市场　16，33～35，39

二元性　35～36

非对称信息　36

父代资源　58，76，84，88，90，110，118，130，140～141，152，154

工业化-功能主义　8，13，15，22，24，49，143，151

国家规制　40，48～49

行业地位　21，50，91，135，155

行业分割　6，10，29，39～40，50～51，92～93，100，103，107，109～110，113，119，140，142，152，153，156，158

继承性效应　90，130，140，154～155

激进转型　2

机会结构　7

绩效选拔　30

家庭背景　13，20，27，29～30，

195

32，56，78，143～145，147～
151，155～157，159
渐进转型　2
交易费用　36
阶层流动　12，15，18～19，26，78
结构壁垒　6，21，27，41，80，
82，90，154，157
结构变迁　3～4，6，10，12，15，
50～52，61～65，67，69，71，
73，79，83，90，92，94，99，
101，111，119，121，124，128，
131，153，156～158，160
结构方程模型　13，59～60，142，
146～147，151，157
结构性流动　79，111，113，131，
133～134，140，154～155
结晶化　158
精英代际转化　26
精英排他　26
精英筛选　2，21
绝对流动率　14～15
劳动力市场分割　5～6，9～10，16，
32～45，47，50～52，58，62，72，
84，91，93，121～122，126，142，
145，149，151～152，156
理性化　13，29～30，143
垄断行业　38，91～93，100～105，
107，110，153
路径分析　13，18，59，77，143，

146
内生潜变量　60，145～146
逆向选拔　30
区域性改革　160
权利变形论　22
权力维续论　22，24
社会分层　2～3，6，13～16，19～
24，33，48～49，63，120，143～
144，146，158～161
社会经济地位指数　13，39，120～
121，126～127，143，145～146，
159
社会资本　17～18，23，145
市场排斥　30
市场化　1～2，4，22，26～27，
40，43～44，46～49，52～53，
64，66，68～69，84，93，102，
114，121，131，135，153
市场机制　20，22～24，31，47～
48，61～62，134
市场转型理论　22，24，44，48
双重流动逻辑　8，10，52
体制排斥　30
外生潜变量　60，145
委托-代理理论　35
现代化转型　1，47～48，91～92
相对流动率　14～15
效率工资理论　35
新结构主义　6，16～17，39，160

新阶级　160

隐性传递　151，156~157

制度性分割　5，37，41

制度主义　8，15，25，49

制度转型　1，3，8，24，52~53

再分配机制　22~23

再生产逻辑　8，10，52

政治市场双重转型论　22

政治经济同步演化论　22

职业地位　4，6~7，9，13，16，18，20~21，27，29，50~52，54，56，84，114，134~135，141~145，147~152，155~160

职业分割　6，10，51，120~122，128，130，134，140，142，152~153，155~156

职业结构　12，16，77，121~125，128，131，140，142，153

职业声望　64，120，126，143

子代资源　58，76，110，130

后　记

　　本书是在我的博士论文基础上修改而成的。五年过去了，还能清楚记起那历时近两年终日泡图书馆的兴奋而痛苦的时光。兴奋在于代际流动对当代中国社会是如此重要的问题，能有一段安静的时间可以梳理文献，建立自己的分析框架、用数据进行检验并回应现实，让我感到学术工作充满意义；痛苦则因为社会分层和流动研究历史久远，对如何在汗牛充栋的文献面前推陈出新，找到新问题和建立分析框架，又倍感艰难。第一年几乎是在对一些研究者的论据与论点的精妙严密而达到一种学术上的美感而钦佩不已，同时又为自己找不到入手点而苦恼中度过的。

　　好在经过一年的文献梳理和数据清理，做了整整300页的阅读笔记后，论文的理论视角和分析框架渐渐明晰。我发现已有研究并没有就转型时期劳动力市场的"结构性因素"是如何影响个体的职业地位获得的过程进行系统研究，因此，我决心从劳动力市场分割理论视角去研究中国的代际流动问题，从代际的部门流动、行业流动和职业流动三个方面系统考察转型时期城市劳动力市场分割状况如何影响个人的职业地位获得，以反映城市代际流动的总体水平、影响因素和可能的影响路径。然而，在数据处理中，该研究需要将父代与子代详细的就

后 记

业工作部门、就业行业和就业职业进行匹配，而一旦"父亲"在调查中未能受访，其工作部门和行业信息就难以通过后编码获得，使得样本量受到限制，可能在一定程度上影响模型结果，部分研究结论还有待商榷。本书的观点和分析存在的不足与疏漏，敬请关注和指正。

在此要特别感谢我的导师邱泽奇教授。从本书的选题到写作与修改，每个环节都凝聚了您的心血。历次读书会、小聚会上您广博而犀利的思维更让我受益良多。

还要感谢北大社会学系的其他老师，刘世定老师学养深厚，郭志刚老师精于方法，张静老师对论文有冷静而独到的评判，刘能老师写作时严谨细致，李建新老师"酒风正，学风彪悍"，以及所有教过我的课、对我的论文给予中肯的建议的老师，您们让我感到社会学者的功力与胸怀，是我为人师表的榜样和动力。

还要感谢我的同门们，他们是：张燕、任敏、王旭辉、赵亮员、薛品、沈芸、郭琦、马宇民、李忠路、朴炯铁、萧群、邹艳辉、刘月、狄雷、于建宁、乔天宇等。和你们的讨论让我的思路更加明晰，并特别感谢许琪对我写作中方法上的帮助。

北京大学中国社会科学调查中心提供了"中国家庭动态追踪调查"（2010年）的数据；我的博士后合作导师吕昭河教授对本书的出版非常关心；同时本书的出版得到"云南省哲学社会科学学术著作出版专项经费"的资助，云南大学理论经济学博士后流动站、社会科学文献出版社杨阳等编辑也给予了充分支持，在此一并表示感谢！

许庆红

2017年9月1日于云南大学科学馆

图书在版编目(CIP)数据

中国城市劳动力市场分割与代际流动：1978－2010／许庆红著．－－北京：社会科学文献出版社，2017.9
　ISBN 978－7－5201－1395－3

　Ⅰ.①中… Ⅱ.①许… Ⅲ.①城市－劳动力市场－研究－中国－1978－2010　Ⅳ.①F249.212

中国版本图书馆 CIP 数据核字（2017）第 223932 号

中国城市劳动力市场分割与代际流动（1978～2010）

著　　者／许庆红

出 版 人／谢寿光
项目统筹／杨　阳
责任编辑／杨　阳　杨鑫磊　马甜甜

出　　版／社会科学文献出版社·社会学编辑部（010）59367159
　　　　　地址：北京市北三环中路甲 29 号院华龙大厦　邮编：100029
　　　　　网址：www.ssap.com.cn
发　　行／市场营销中心（010）59367081　59367018
印　　装／三河市东方印刷有限公司

规　　格／开　本：787mm×1092mm　1/16
　　　　　印　张：13.5　字　数：157 千字
版　　次／2017 年 9 月第 1 版　2017 年 9 月第 1 次印刷
书　　号／ISBN 978－7－5201－1395－3
定　　价／59.00 元

本书如有印装质量问题，请与读者服务中心（010－59367028）联系

▲ 版权所有 翻印必究